別讓世界看扁你

李天心 著

十八歲女生從香港走向世界的追夢旅程！

以一個年輕人的目光反思自己的人生，以哲學作為切入點，並反思全球議題。希望藉此讓更多現今時代的家長明白子女所想，同時希望燃點起年輕人對追夢及助人的動力。

U0152215

#00
序

十八的我
永遠不會知道
這是剛好
剛剛好
趕在成人禮降臨前
趕在恐懼蔓延前
趕在世界崩壞前

推薦序（一）

人生哲學會慢慢成熟的……

過去半年，每個星期看著《別讓世界看扁你！十八歲女生從香港走向世界的追夢旅程！》的茁長，當中，也看到天心的旅遊哲學漸趨成熟。

與其說天心寫一本遊記又或者一本有關義工的手冊，不如說，天心是寫她自己的人生。義工旅程的經歷是人生喜與悲、高與低、成功和失敗的縮影。短短十多個旅程，就是天心未來人生的綵排。我覺得她完成這本書的時候，也就是她對自己過去的人生經歷反省了一次，準備好未來的挑戰。

書中的主題是義工。義工就是不計較酬勞，為有需要的人服務。儘管天心對義務工作有過失望、流過眼淚和汗水，但最後她也肯定每個人都可在義工中找到自己的哲學。

我以前也很喜歡做義工，也曾經懷疑過自己，後來看到前英國首相邱吉爾一句名言：「We make a living by what we get. We make a life by what we give」。當中我領略到，服務別人時，就正如天心一樣，不只是幫助其他人，也為自己選擇了生活目標，活出人生。

為《別讓世界看扁你！十八歲女生從香港走向世界的追夢旅程！》寫序，感覺十分奇妙。心中有一個似曾熟悉的感覺。記得當年去美國讀書，出發之前，對於到外國學習知識的機會十分嚮往，可是，到離別香港之後，愈來愈覺得在香港家人、朋友的重要性，就正如天心在外地做義工工作，頓然發覺香港的家庭、朋友十分需要她。遊歷總給讓人認識自己、珍惜自己的一切。

很高興今天，天心完成了自己十八歲的哲學。人生哲學會慢慢成熟的，我期待她以後會告訴我二十八歲、三十八歲等的哲學，我也希望會是繼續聆聽天心的老師。

中大新聞與傳播學院教授
馮應謙

推薦序（二）

時代真壞，但時間還早。

大無畏的天心到處闖蕩，到日本穿公仔裝放肆地東奔西走，在丹麥大型音樂節當義工邊灌酒精邊撿垃圾，正經八百地參與聯合國總部的青年會議……年少多好，但必須年少勇敢又有覺察力，才不浪費那麼的好經驗。天心說，十八歲那年的旅程，「剛剛好趕在成人禮降臨前，趕在恐懼蔓延前，趕在世界崩壞前」，讀時難免唏噓。時代真壞，但時間還早。讓我們都記住自己曾經脫軌的人生，勇氣有用。

祝你一切都好。

作家蘇美智

自序

旅行其實是個赤裸面對自己的矛盾的過程……

旅遊哲學

要刻板行程、打卡景點的你大可在網上一搜，成千上萬的全方位分析。要前人提點、教誨的，也請你不要浪費時間在此。甫進大學，總是有一種讓我摸不着頭腦的傳統，就是總愛問校友或者應屆畢業生有沒有任何忠告或者後悔的事，新鮮人們都怕後悔，這二字的確嚇人。然而，這事在我看來是極度危險的事。話聽得多，就會知道往往學霸會跟你說後悔沒有玩得盡興，往往營主後悔沒有好好讀書，到處飄蕩的後悔沒有談場大學生的戀愛，而結論是人都是貪心的，而結論是時間都是有限的，而結論是沒有經歷過失去就不會擁有，也甚至沒有擁有過亦不會有失去。每段旅程都是獨特的，不同的人、不同的風景、不同的心情，即使重遊舊地，仍然是截然不同的旅程。與其心慌怕撞板，無知甫進風雨飄搖的未知不是更加珍貴嗎？這反而是我一直希望保留的旅遊態度和稚氣。而讓你值得花錢買的，讓你值得藏下的，讓我值得寫下的，我希望是我如何思考我的旅途、有血有肉的感受。

在我看來，哲學從來並非單單問為何，並非單單問如何。這個極具應用性的科目，最後都是指向應該做什麼的問題，就正如明瞭了人存在的意義之後，更重要的是應該怎樣活。我這個十八歲的黃毛小子，還沒有參透太多的大道理，遑論教化，因為旅遊、生活根本不存在價值的高低之分。我只是斗膽的希望，在此天真任性的時日記下這個旅程下的哲學，只要你有一絲：我曾經也是這樣想的念頭，我就當自己成功了。

旅途、矛盾、自己

在我旅行的途中，更加認證人都是矛盾的生物，想大膽求變但同時懶惰得渴望安於現狀，想付出但其實心底還是自私，羡慕他人但同時別人亦在羡慕你。旅行其實是個赤裸面對自己的矛盾的過程。這些大大小小的矛盾緊接下來的選擇，就是最真實的自己。

目錄
Contents

#01
揚袖而去前

我以為許多事都是先有了目標才去做
但原來人生並非如此
原來我們都是沒有目標的來到這世上
原來許多事都是在過程中找尋目標

第一章
揚袖而去前

「自己一個女仔，好危險啊！」

十七與十八

有人說，人會在三個情況下做出巨變，努力到麻木、看見人生無聊的一面、恍然發現可以改變。

我的時間表很豐富，但其實虛空。

文憑試那年，日日朝四晚十，為了不被外界騷擾，先四點起床在家溫習，上課時則覺得老師的課不夠考試導向，索性在班房補眠，晚上飛奔補習社，偶爾帶著沒有靈魂的軀殼練排球，練習後又重回溫書的戰場。有時候想停一停，冥想一下，卻強迫自己不可浪費無謂的時間。以為甫進大學之門，可以放下分數的標籤，卻又再跌下大學平均積點的輪迴。到我真心想學習的時候，因為其他為做而做的課業令我不能全神貫注。專心致志，原來這個世道並不容許。在這紛擾的時代，太多東西要兼顧，要人人都可以分身，多方面全能方為人上人。又因為課業要求，要配合評分準則，磨滅了許多人的發揮空間。奮身做好功課，卻不投老師所好，倫為學渣。在這工廠式的社會，循規蹈矩的才能踏上康莊大道，我們沒有太多的選擇，我們都在過一個倒模人生。然後，我明白了，要繼續讀書，首先你要拿高分，才有錢、有人給予你機會繼續讀書。只是偏偏要拿高分和學習有時候有矛盾、有衝突，而周圍的環境往往要你選擇前者。

從小學起無數個興趣班，到中學無數個補習班，由討論樂器級數、短跑秒數、獎牌數目到名師五星星比率，再到大學的平均積點，然後到社會大學的薪水，未來，我怕，怕再次跌入追薪水、追升職的巨輪，及後的人生一直向沒完沒了的數字狂奔，永不超生。得到了，開心過一會兒，又如何呢？分數是拿到了，喔，但對不起，你有下一個分數要追，有下一個競爭對手等著你。後來才明白到，教育是個戰場、是個煉獄。呀！不，人生根本就是個戰場、是個煉獄。大抵是人剛上大學，未適應過來，再被這個紛亂的氛圍壓得死去活來，更顯憔悴。幾年前聽過一個笑話，說有人凡遲到都以港鐵塞車作為藉口。以前當作笑話，此時此刻方知港鐵真的會塞車。每當身陷於人海，進退維谷，站在九龍塘連月台都下不了的那剎那，必會明瞭港人的無奈，令人懷疑人生。我為了甚麼在這裡呢？我到底在幹甚麼呢？去或留，每當面對抉擇，都是考驗態度和價值觀的時候。

我問自己求的是什麼，為求沙紙一張，為求白領工作一份，為求安樂窩一個，為求上車，為求不愁吃喝，為求家人安逸，為求偶爾可以出走一旅，而這一些最終都是為了快樂，是為了自己快樂。這是現代人的輪迴監獄。嘴巴上說為家人、愛人、友人，但終究是為了自己，所以才會要他人好，其實這也是種勒索。既然最終是為了自己快樂，我在追逐的過程只能苦笑，我在做什麼呢？

身未動，心已遠。我想是時候，尋求一個改變、一個成長吧。

或者人就是犯賤，明知每次過程中都會問自己為何「攞苦嚟身」，但偏偏人愛這種自虐，人生意義大概在於在這自虐的過程中找到特殊的快樂。

意義何在

旅行本無意義，在中國哲學中，基本上注重玄想，也就是很「形而上」的（Metaphysical），無需旅遊。可以這樣說，單單到訪一處陌生的土地，沒有目標的話，就跟你自己到訪家下的便利店無異。週遊列國的孔子，是一個例外，儒學之中，他是較能實事求是，不談甚麼「性與天道」，所以會說「吾與點也」，讚賞曾點的春日郊遊之樂。西方文化，自亞里士多德背叛乃師柏拉圖，從形而上走向「經驗性」（Empirical）。「經驗主義」成為西方哲學史上一大派別，與「理性主義」（Rationalism）展開殊死鬥，而旅遊哲學，是「經驗性」的學問，也如物理、化學、生物等經驗科學一樣，不像數學只需紙筆，而是要做實驗。

有些人出走的原因是因為他認為自己再留在香港會發瘋，所以要去旅行尋開心。法國哲學家柏斯卡則認為：「人之所以不快樂，往往因為不懂得安安靜靜待在自己的房間裡。」古羅馬斯多亞學派哲學家塞內卡又說：「如果您想要「逃離」，應想想到底想逃離甚麼。倘若想離開的是「家」，與其把心思花在假期上，還不如投資更多精力去改善家庭，畢竟假期只是一年中的一小段時間。」美國思想家愛默生又說：「我們走遍世界去尋找美和快樂，但必須要把美和快樂帶在身上，否則就無處尋找。」

看胡晴舫關於旅行的散文集《旅人》，談到幾個作為旅人的原因，例如某些人，會用曾經旅行過的地方，作為一種榮耀，這是個十分危險的想法，偏偏十居其九的旅者都有過這樣的想法。「旅行不僅僅只是將我們的身體帶往遠方，刺激我們的官能，讓我們成長。旅行更大的功能是影響我們在自身社會的地位。除了實際的經濟利益，更重要的是，作為一種旅行的證據。證明你真的去過你所描述的世界。證明你的眼界確實開闊，證明你的經驗果然豐艷，證明你跟原來社會裡的鄉巴佬完全不相同。從此，你可以站在更高的位置說話。因為你知道，你懂，你清楚。你看過其他事物，是我們都沒有看過的。旅行回來的人自豪又自信，旁人均投以羨慕又嫉妒的眼光。」舊時無知，為了虛榮，所以旅行，甚至墮入炫耀式消費的圈套，往打卡勝地亂跑，跟著旅遊攻略走，走馬看花。「大部分時候，旅人的需求，只消一班子馬戲團就能滿足。」作者也觀察到，當地人也會為了迎合遊客，去過一些遊客希望看到的生活。「只要有旅人的眼睛存在，被觀看的城市就被迫矯情。惺惺作態之必要。」不要讓這個惡性循環繼續，我們自己首先要戒掉這個想法。

每人去旅遊的目標都不同，可以是悠閒為本、體驗為本、歷練為本、朝聖為本。有些人去千百次旅行回來都是一樣，有些人去一趟旅行就已經變成了另一個人。但緊記，種種目的沒有價值之分。重要的是這是屬於你的緣由。

我必須先坦白承認，我沒有以助人為初那麼高尚、那麼偉大、那麼成熟。我一開始沒有很清楚自己出發的理由，有點迷茫，想有點改變，想出發就出發了，不是為了他人，而是為了自己，是很自私的，佔用地球資源，去給自己一個儀式。後來經歷一點點，才清楚自己啓航的理由和意義是為一種訓練、為一種嘗試、為別人服務，不是單單為自己去周遊列國的。然後，就沉著氣繼續帶著意義走下去。

所以，一開始沒有目標不要緊，後來找到就可以了，重點是不可以沒有目標。以前總以為很多事情都是先有了目標才去做，後來才發現人生不就正正相反嗎？生下來沒有人能告訴你做人的意義，唯有自己行步見步，慢慢摸索才能悟出當中的意義，這個旅程也一樣。但不代表你可以不找意義的一直走下去。沒有人能夠告訴你的意義，也沒有人能夠告訴你找到意義的捷徑，我們可以做的就是盡力生活，好好感受，這個旅途更要這樣。

越早找到目標的固然好，意義往往都帶有前設性的。堅定的意義可能助人在困難時堅持下去，做出清晰的抉擇，最終達成該意義。但也不要為追著別人的時區而懊惱，慢慢的不要緊，最重要是依著自己獨特的意義，引申出適合自己的旅程，甚至人生。

回港後，身旁好友、以前的點頭之交紛紛跟我說很羨慕我的旅程，要效仿我浪跡天涯一年。但我希望告訴大家請不要人云亦云，請大家找尋屬於你自己獨特的意義。如果是因為工作淪為機器，想找一個透氣口，一個月或許就足以讓你重新充電，去一年或許反而讓你無法再重新投入工作當中。如果是想與家人、伴侶享受一下，大抵一個星期足夠讓你快樂滿瀉，去一年反倒會摩擦四起，怒氣收場。一旦遇上意外，就只能以「掃興」二字解讀了，甚至到最後思鄉病發，旅途不歡而散，更狠心腰斬。情況有如大學五件事：上莊、拍拖、實習、走堂、住宿舍，這些活動要用的時間多，當然有值得和不值得，例如上莊學習建立團隊、拍拖學習與人相處、實習學習職場求生之道、走了自己本來就懂的課去上個難得的講座，這本應為好，但如果上莊為 dem beat 通宵達旦、為新鮮感和榮耀感拍拖、因實習而沒空讀書、單純因為玩樂而走堂，這豈不是有點偏離正軌？故其實我不反對這些事，只是不希望本末倒置。無論如何，最重要都是知道自己在做甚麼，如果明確清楚自己要甚麼，大學五件事並無問題。

「自己一個女仔，好危險啊！」

這句說話應該是我出發前聽得最多的一句。一個十八歲的華人女生獨自出外（當然也有一部分有人陪伴，也在旅途上認識了許多朋友），坦白說，是任性中帶點危險。我不是甚麼旅遊達人，我只是一隻小小鳥、一隻井底之蛙。我不是出世於一個富有的家庭，從小只去過一兩次家庭旅行，去的最遠是韓國，對我來說，已經是幸運至極。參加過中學的鴨仔遊學團，由報名到 Check-in 酒店都由老師一手包辦。從來沒有轉過機，沒有自己買過機票，沒有自己住過旅館，沒有出過自己狹窄的方圓，或許是名副其實的「高分低能」。記得在香港01的專訪下，甚至有人留言是罔顧安全的行為，更警告他人不要效仿。家人也曾經反對，見我毫無經驗，只此一隻獅子開大口的黃毛小子。

我也曾經抱怨過，為何我偏偏是個女孩？讓我的顧慮特別多，背包特別的重，要帶的東西又比男生多，更有遇上色狼的恐懼，要訂女生宿舍又特別的貴。但既然無法改變既有的設定，那就用我的努力和心態改變吧。女生也有優點的，我們比較細心，可能也能助旅程一把。大抵這個旅程大大小小的問題，我都是靠這個換位思考撐過去的。不是說凡事樂觀這麼表面，而是悲觀後的樂觀。德國哲學家尼采這樣說：盲目的樂觀，只會使人感覺膚淺；過度的悲觀，則會使人走向毀滅。唯有悲觀後的樂觀，才是精神上的強者。這種換位思考配合理性的判斷才能在旅途上走好。

那為什麼不等到二十五歲，人成熟了，或是可以保護自己才去呢？是的，那個時候可能有更加多的經驗，更多的金錢，整個旅程或會安全得多。然而，我想十八歲有的是這份難能可貴的衝勁，可能轉眼即逝，正因為風雨飄搖，有太多的未知才沒有框架，想的天馬行空，我想，在還沒有被社會洪流磨滅之際，珍惜這份勇氣。曾在區家麟老師的課堂中聽過這一席話：每次去旅行都是細味一所地方在這一個時空下的一個平面，十年後舊地重臨，不是重回舊地，而是另一個時空、另一個平面。我看的是二零一八的丹麥、二零一八的匈牙利、二零一八的時空，而這個時空只此一刻。另一方面，倘若在大學一年級就出走，及早體會世界，接下來在大學的三年你會過得不一樣。

那為什麼不跟旅行團，直接付錢安安全全地當一隻小鴨子呢？唯有自己做功課，才知道那個地方的歷史，才知道那裏的地理位置，才知道該期待什麼，這個學習的心態應該由旅途的準備階段開始的。這樣，旅途上困難來了，會視之為學習機會。反之，習慣了當一直小鴨子，直接接受導游念口簧式的教育，一旦旅途不似預期，只會怨天、怨旅行社、怨導遊。另一方面，選擇旅行團可算是一種自己對陌生感的認輸。在旅行哲學的課堂中，常常提到熟悉感和陌生感。人在旅行團，身邊都是與你來自同一個地方的人，說著一樣的語言，坐的都是旅遊大巴，跟在香港坐的無異，情況猶如社會學家高恆口中的環境泡泡。然而，若自己去接觸，往往會面臨陌生的環境，雖然恐懼同時會油然而生，但正正戰勝這種恐懼，得到的方會更多。連這種少少的恐懼都克服不了，往後再大的難關方有強大的心臟支撐下去。

大抵這個世界沒有人不怕死，死亡的未知，可能血肉模糊的，可能是不能承受的痛，不同宗教信仰的地獄的描述，令人對死亡多了一份恐懼。只是我斗膽的覺得，人總有一死，再怕的都總歸要面對。人生無常，在街上走走，食飯都可以奪命。曾經人如此渺小，宛如恆河一沙，滄海一粟，生命根本不由人。人行將就木之際，往往認為自己一生最大的遺憾就是沒有做一些事。記得曾經有人做過一個實驗，叫護士在病人返魂乏術之際問他一個問題：你覺得你的人生有什麼遺憾呢？而大多的答案都是他沒有做一些事。我很清楚知道，這趟旅程的成長價值比那點少少風險來得要大，那就不需要猶豫。

正因為我弱，所以更加想改變、更加想試試自己的能耐。當然我下得這個決定，有必要向家人負責，盡全力保護自己是我的責任，也是我很需要學習的一課。順道也介紹一下我的裝備，首先多謝家人為我準備的防狼器。原本家人是想我用噴霧的防狼器、小刀旁身，但壓縮氣體不能帶上飛機，作為背包客，又沒有寄艙行李，就唯有用小小的防狼器了。雖然坦白說，我有一、兩次在街上誤鳴後，本以為尷尬至極，但原來根本無人理會，聽朋友說，是歐洲國家的警報很多，所以不會特別留意，但是我想，這個防狼器的聲音還是會令不法之徒心虛害怕吧。另外，一個門壓的警報器也不錯，在宿舍過夜時，把警報器放下門下，有人進來甚至偷東西，你都會立馬醒過來。這些小小的裝備可能有人會說杞人有天，但我想，這些東東每件不超過二十塊錢，雖則未必有用，但算是給家人買個安心。人人都說歐洲是搶劫之都，更有朋友說去巴黎每次都被偷東西，擺著一張東方小女生的臉更加招人耳目。所以我把錢都分開放了，背包的暗格是放最大筆的錢，貼身小腰包（可扣在衣服裡面的）放了「逃難」夠用的錢，再把僅僅價值一百塊港幣的錢放在小錢包裡。一開始還把一部份的錢放到鞋墊，後來到網上討論區查看，原來不少人在宿舍裏被偷鞋了，於是我帶了一雙比較破舊、穿洞的鞋，誰不知，到達第二個城市後下起滂沱大雨，差點把我的錢浸濕，及後我便放棄了這個「藏錢大計」了。

以上的裝備都是淘寶進的貨，連運費都不過五十元。在搜集資訊、準備裝備的過程中，我鑾感恩自己生於這個資訊紛陳的年代。古人出遠門是苦行，二十年前要成為背包客，只能帶着地圖，看見依稀有路便一股向前衝，沒有太多前人經驗，沒有具體的行程編排，沒有紛紛在網上設平台的義工組織，更遑論價錢高昂。二十年後，旅行變為理所當然，叫作生活必需品對一些人來說更不為過。只要在網上一搜尋，成千上萬的部落格映入眼簾，動輒便可知去路。旅遊方便固然是好，但亦不得不思考其陰暗面。

不少朋友都很好奇我如何聯絡不同的義工組織，我只好拋下一句「LMGTFY —— Let me google that for you.」若果沒有太多精力安排，可以直接經 AIESEC 或義遊兩大平臺報名，然而，由於義工項目過多，合作機構的質素差異甚大，難以保證，例如我就在經義遊聯絡的匈牙利義工服務就遇上法律問題。另外，這些中介平臺往往會收取約三千港幣的手續費，值得留意的是，這份費用並不會送到當地義工組織的手上。所以，要真的確保義工服務有意義、錢用得其所、順道訓練自己對外聯絡，直接聯絡當地組織是最佳的辦法。

Europern Heritage Volunteer、UN Volunteer 等等都是不錯的組織，有些可以直接經其系統報名，有些需要你經電郵苦苦苛求，拍片認證自己的英文水平、提供英文考試成績、寫短文講述自己希望服務的原因、簡短視像通話，我都試過。吃白果是意料之內的事，但機會衆多，基本上總會有的。

不少組織提供「用服務換食宿」，義工無需付任何費用。為了節省旅費，我選擇這類型的組織，但不得不提醒大家，這類服務主要為低技術的勞動工作，亦沒有義務提供文化交流活動，亦不要把乾淨住宿、多選擇的食物當作理所當然。

另一個小法寶就是申請國際學生證，特別是去歐洲旅遊的大學生，因為歐洲認可的地方比較多，尤其是在交通和博物館方面，絕對能省下超過五百元。你只需要大概花一百元去旅行社申請就可以了，不用一天就能拿到證件。

#02
扮公仔的哲學

人生總要躲一次
在巨型玩偶裡
才明白
敬業與樂業的背後
你必須非常努力才令人覺得毫不費力
BE KOBE
#KOBE

第二章
扮公仔的哲學

你必須非常努力，才令人覺得毫不費力。

蒙面與坦露

人生總要躲一次在巨型玩偶裡才明白敬業與樂業的背後——你必須非常努力才令人覺得毫不費力。

第一站是日本的神戶，也有香港人的陪伴，感覺是個熱身吧。

神戶二零二零年會舉辦ICCAN 64的年度大會，簡單來說，就是國際管理互聯網的機構每年會在不同的國家舉辦會議，討論互聯網法治、規管的議題，議會提倡青年參與、發聲，故機構希望藉此機會訓練當地的年輕人，事先來個模擬會議。而我們就是這會議的小老師，由訓練內容構思到當日講解，由兩個小老師一手包辦。我們的學生是來自世界各地的年輕人，由南非到日本都有，更有不少修讀互聯網及電子通訊的相關科目，無論年齡或者知識，相比之下我們更像學生，所以前期的準備工作不容馬虎。就這樣開始了廢寢忘餐的生活。這趟有點像典型的出差辦工，雖說義工性質，但活動類型還是有點像工作。

活動第一天就碰壁了。日本人不愛說英文，看到是以英語舉行的會議，大多數人都臨時卻步了，這是無何奈何的事情，我們理應請來一個翻譯，但是卻沒有想到。換來的是一班在日留學生。對自己因為不了解當地人習慣而令活動辦得不太好，的確有點愧疚。

會議過後，我們開展下一個當地活動。互聯網灰色地帶很多，有不法商人為了牟利，利用往上平台進行黑市交易，令不少老虎面臨絕種的危機。機構除了參與會議，輿論壓力同樣重要。於是在會議完結後，我們開展了保護老虎的公關活動。

是次算是吸取教訓，明白公關活動要貼地，先要了解當地人的愛好、文化。日本人對可愛的東西特別感興趣，明明在香港沒人理的人型公仔，在日本可謂大行其道。很多小孩、青少年都走來了解這個保護老虎的活動，不少更在網上發佈和公仔的合照，宣傳效果出人意表的好。

第一天，我們請來了專業的扮公仔人員。第二天，因時間問題，未能再次請他來扮演公仔。我想，大抵人生怎樣也要扮演一次公仔，體會那種辛勞吧，於是我便親身上陣。

三十六度的高溫，必須不停走著去吸引更多人，看上去很輕的公仔裝其實蠻重，真的讓人上氣不接下氣。「Are you ok? Does your boss treat you badly?」頓然，一位日本人把臉貼到這個骯髒的公仔上，傳來這句不太準確的英語。有時，這種輕輕一句的問候，傳來的力量原來可以很大。所以，不要吝嗇一言一語，特別在旅行的時候。最後看到小孩欣喜若狂、年輕人紛紛提出有關問題，的確，即使從不露面，我在公仔裝裏真的很欣慰。

雖然太陽依舊放肆的照射著，但我卻充滿力量，像個小孩東奔西走，引人捧腹大笑。我想，除了因為那個人的問候，更大原因是因為這套公仔裝。穿上這身蓋臉的裝束，完美的成為我的面具，行為變得很不一樣，正如身在異國度的我一樣。不單是此刻，就連問路、在街上唱歌都特別響亮。在這沒有人知道我是誰的異國度，終究放下了別人期許的包袱，當個真正的自己。

翌日，我發燒了。躺在床上，我突然在想，只是當了一天公仔，就爛倒，那個天天扮演公仔的人究竟經歷了多少遍。對，他是專業的，在日本，所有職業都是一種專業，他會詢問宣傳的目的、公仔的性格、應該用什麼動作跟路人拍照等等。在最小的事上做好，講的就是這種人吧。不論多少次，他依然是那麼認真、一絲不苟，我記起以前看書的一句話：你做的叫一萬次，他看的叫一生一次。故每一次都要認真謹慎。如此重禮的日本人，處處為人着想，將匠人精神發揮得淋漓盡致。

發燒的原因，我想，除了燜倒，雞刺可能也是一個原因。來到日本，他們說不要再吃香港都可以吃到的壽司，要踏出港人對日本美食的固有印象。他請我們去嚐鷄刺。鷄刺十分昂貴，一口大概就一百塊港幣，如果沒有他們，我根本不可能一試。日本鷄刺店不單買鷄刺，裏面有牛肉刺身、鯨魚舌、鷄心、鷄肝，鮮紅的血染滿整個盤子。我只抱著難得到此、不得不試的傻勁，不知就裏地把東西放進口裏了。冰冷的肉塊像蛋糕，啊，不，像忌廉，我都不知道我到底在吃鷄肝還是牛肝了。隨著肉慢慢在口中融化，我不禁生疑，這是何來的膽子？我在香港都不會這樣，豬紅都不敢嘗試，來到這我什麼沒有了底綫。如果天天抱著這個旅行心態，人生會更豐盛一點嗎？過著社會學家包曼的 Touristification of everyday life，將日常生活旅遊化，內心世界會否變得更開闊？包曼沒有判斷這個情況的好壞，或許，他是要待我們去嘗試吧。

一整個活動結束後，我發現了，上班的心態比去當義工的大相逕庭，前者充滿活力，後者有時候比行政的東東搞得死去活來。我不明白，為何受薪的工作總是熬人，不受薪的工作反而令人如此雀躍，不斷投放時間？有錢不是應該更開心呢？一部份的原因可能是基於需求與供給的原理吧，人人都雀躍的工作根本不用給薪水也會有一大群瘋子跑進來。但我則認為更大的因素是做事背後的動機，為錢去做、以生存為初心，自然以金錢來衡量事情的價值。相反，從不祈求金錢回報，自然著眼於事情本身。下次，當你再大學的莊裡「庇護」到懷疑人生時，不妨問問自己的初心，既然一開始不為金錢，就請不要拿金錢作為價值的衡量標準。

#03
窮人列車

世界不公平　這個道理是成長過程中必須明白的
無論多痛　還是要接受這個道理
可以做的　還是不要與人比較

第三章
窮人列車

人大了，看到這樣無力的社會，想改變自己愛的地方而已。

動車與飛機

一班殘破不堪的列車承載的是比飛機還要多的思念和夢想。

回到香港便立馬收拾行李，不到二十四小時又急急登上了開往上海的動車。

打開12306（內地購買火車票的應用程式），十八小時由深圳開往上海的無座／有座動車票也就二百塊人民幣；打開Skyscanner的網頁，在七八月旅遊高峰期，來回上海二小時的機票，最便宜也要一千八元。以省錢作為原則的我，又不介意時間長，想也沒有想，就選擇了動車。雖然上到火車的確有刻後悔了，但無可否認，這趟讓我看見了很不一樣的風光。

甫進火車站，它沒有深圳北站的宏偉。香港居民坐高鐵有點麻煩，要先用回鄉証到人工櫃位取票。坐動車的人的行李比高鐵客的明顯笨重，座位很多，通道很廣，但人更多，行李箱更多。檢票的訊號燈一亮，各人三步拼作兩步，急急走向閘口，卻又沒有開始正式檢票，只好跟著大隊揹著行李，擠在人群。泡麵的味道混夾著汗味彌漫著整個車站，我只想快點上車。

好不容易跑到最遙遠的硬座車卡，情況沒有預期中的好轉。硬座，顧名思義是硬邦邦的座位，我還以為會想小巴一樣平平無奇的凳子，原來是我高估了。硬邦邦的雙人座位，沒有明顯區分兩個座位，還幸旁邊的不是胖子。凳子的椅背很短，大概就只到頸下方，二十多個小時的車程，脖子痛應該是避免不了。

除此之外，泡麵香和汗臭味在密閉的空間內更加猖狂，更添上臭煙味和濃濃的藥油味。是的，即使在沒有窗口的車卡上，他也直接在座位上抽煙。這是當地的文化，作為旅客，我不敢阻止，在旁的人似乎習以為常，毫無叫停之意。旁邊購買無座票的大媽毫不客氣在我旁邊放下小凳，依在我的椅柄，立馬入睡。人有三急，想去個方便，又不敢叫醒旁邊的大媽。好不容易醒了，卻怕無座的會搶了我的位置，只好快快歸位。難熬的歲月總是耐人的慢慢逝去，好不容易熬到深夜，只想快快入睡，讓上海的日出喚醒我。「新鮮水果、奶茶、咖啡！」服務員響亮的聲音劃破車廂難得的沉默，夜幕早已低垂，她仍然堅守本分叫買，實在令我佩服不已。不少無座的乘客躺在走廊上，餐車的經過迫使他醒來讓路，餐車走了，他繼續睡在花生殼上。以為這個晚上終究告一段落，原來我還是太樂觀了。一陣笑聲一直徘徊在耳邊，我張開眼，沒有上海的陽光，只有屏幕上的太陽。旁邊的家庭在興奮的觀看電視劇，開了擴音，小男孩站在凳子上蹦蹦跳跳、嘻嘻哈哈。

坦白說，有錢的往往都不會坐高鐵，更遑論動車，車上的往往是社會食物鏈的最底層。他們車上的行為不禁令我想起早前在香港地鐵上發生的衝突。記得黃秋生曾經在訪問談及中港兩地歧視問題，認為香港人沒有歧視內地人，而是對一部分人的非文明行為感到無奈、甚至不滿。的確，他們在車上行為令人費解。但撇除那一少部分被勸阻依然無禮的人，其實他們大多很友善。他們不少都是首次從農村出城探望親人，他們看見我行李重便幫我搬上行李架、偶爾和我聊聊天、問我為什麼一個人。他們或許只是沒有受過教育，或許不知道這樣在城市可能令人反感，當然我理解他們為何會這樣做，不代表我贊同這樣的做法。看著他們，我頓然生氣不下，才明瞭原來我真的很幸福。

遊歐前，經常問之前去過的朋友有沒有什麼小貼士，太多都告訴我：車費很貴，有需要可以逃票。的確，歐洲交通費高得嚇人，短短十分鐘車程就要大約四十元港幣，加上沒有閘機，也沒有太多工作人員查票，整個制度建基於對人們的信任。有朋友告訴我：我在維也納當交換生期間從沒交過車費，最後平安無事回港，甚至當地人也不買全年票。

無可否認，我逃了一次票。日日節衣縮食、撐到胃痛，甚至步行三萬步，就是為了省錢。面對這個誘惑，我屈服了。然後，戰戰兢兢地甫進車廂，不斷提醒自己要裝得若無其事，卻難掩那絲恐懼。「Excuse me……」他話也沒有說完，我不禁衝口而出：「Sorry! Sorry!」他根本不是甚麼查票員，只是想我讓一讓路。

你大可笑我天真，何必為此介懷。但我相信每個逃票的人都還有一點良心，只是很多時候與友人談及此，想顧顧面子，沒有道出。這種膽戰心驚我發誓不要再經歷第二次了，還是多謝這個經歷，多謝有勇氣願意寫出來的自己，多謝先在此小事學懂大道理，別等到大事發生後才警覺。這般芝麻綠豆的小事卻成為了我此旅程最後悔的一剎，今後借此警惕自己腳踏實地、不貪小便宜。

城市給人的這等大的信任是難能可貴的，情況好比「申請夜歸」一事。爸媽對你有信任，容許你夜歸，同時我有責任維護此關係，夜歸先留下口訊，道出原因。但當人濫用此信任，唯有定立更多的規條，甚至收緊自由。故我希望珍惜這份自由，在歐洲坐車如是、對香港的社會期望亦如是。

靜下來細想，有這個貪小便宜的心態不就是因為窮嗎？雖說是一部份可能是個藉口，但也不得不承認這是個無奈的事實。窮病入骨的我，只能窮遊，的確吃力不討好，但根本沒有選擇的能耐。雖說貧者不可犯法，但試問是否人人都如此清高，做不到時又是否真為大錯？這都是我們骨子裡的本性，憑什麼站在道德的高低上評價其他犯罪的人呢？

最近，我看了一套電影，叫寄生上流。一句由大媽道出的對白，卻正中我所思所想。她說：不是富有而且善良，乃是富有所以善良。當然不能一竹篙打一船人，我只是說大部分人。道理上，有物質的富裕，不愁吃穿，傷他的、害他的，根本九牛一毛、無需計較，當然顯得慷慨付出、包容大方；算盡一分一毫，是因為這些已經是他的全部了。有錢的話，讀不成書可以到國外留學，或者可以無後顧之憂放膽追夢，當然顯得勇氣可嘉、自信滿滿；然而「夢想」二字在窮人眼中可能比粗口還要難聽，考不上就沒有了，當然顯得重視成績，被壓得喘不過氣。市民上街遊行也不是沒有原因的，人大了，看到這樣無力的社會，想改變自己愛的地方而已。

不少朋友經常鼓吹一種說走就走的旅程，的確，換一下環境，來個短程旅遊或許是一種對生活不錯的調劑，但對我而言不太可能，每每毫無規劃，總是會讓我明白有錢就是萬能的道理。什麼交通問題，在即興游下往往容易錯過尾班車，最後唯有坐的士，什麼青年旅舍爆滿了，在即興游下往往會遇上的問題，最後以酒店為解決方案。沒有錢，就唯有多花時間去換金錢了。換個角度想，一早安排好的行程，強迫自己不能厭倦、不能留戀、不能後悔，只能前進，算是一種「條路自己揀，仆街唔好喊」的訓練，要自己無論如何也要完成它，也不錯。

偶爾停下來一想，比起雲南的小孩，我豈不是富翁？這趟到過一些落後國家，看見他人連離開自己家園的機會也沒有，才真正明瞭自己到底有多幸福，才真正明瞭身為香港人真是幾生修來的福氣。我雖不算大富大貴，但亦不愁吃住，算是抽中了上上籤了。換個角度想，在這個環境成長，令我變得獨立、成熟，是我的福氣了。

世界不公平，這個道理是成長過程中必須明白的，無論多痛，還是要接受這個道理。可以做的，還是不要與人比較。

來到上海的主要目的是探望在上海留學的姐姐，也順路看過了當地的地下教會。由於政治、宗教等問題，容許我不多說。

來到上海，教會朋友說南京在上海附近，可以來趟短程旅遊。就這樣即興安排了南京兩天游。是次因時間所限，買的是高鐵票，不消兩小時就會到達。不過，在國內，若非深圳的火車站，港澳臺旅客較少，不善於處理港澳台旅客取票的程序，需多預留時間，不然就想我們一樣，急慌了，最後跑上車。

特別一提，南京的科舉博物館，實在學到很多。剛剛經歷文憑試洗禮的我，對考試有了新的解讀。以前以為這代年輕人要面對不停更改的文憑試是生不逢時。看過科舉博物館，才明白自己有多幸福，起碼自己是可以用努力改變命運的。

近年淘寶旅遊規模越來越大，單在淘寶可以預約即日出發的跨國旅行團，而且價錢比許多代理便宜。是次即興之旅，就在淘寶預訂了青年旅舍，價錢大概三十塊人民幣，天花搖搖欲墜，但殘破不堪的房間反而沒有讓我覺得不舒服，令我反省未來我是否真的需要追求大房子、空曠的房間？這些追求是否只為身邊人的眼光？還是反而簡簡單單長住青年旅舍，偶爾與世界各地的旅人聊聊，比起空蕩蕩的房間更實在？

#04
獨旅新鮮人

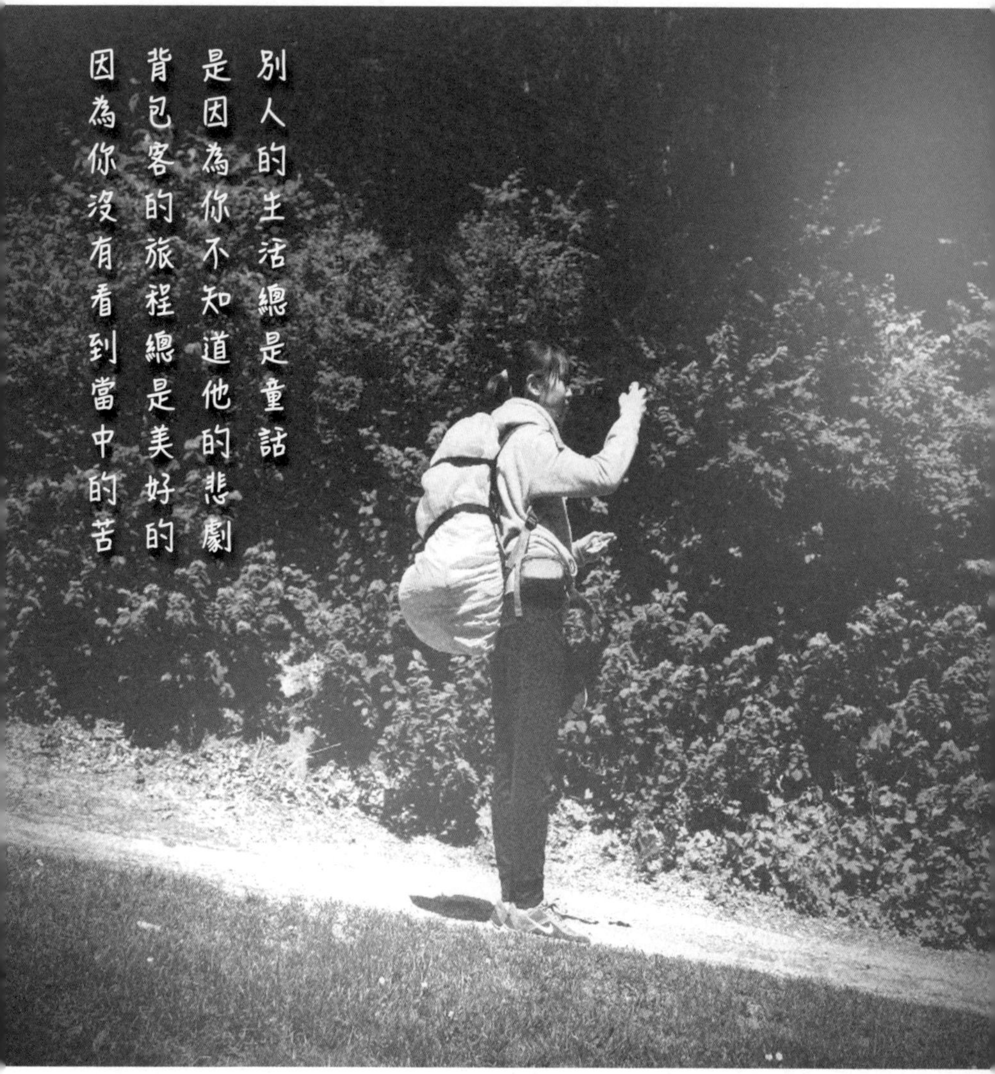
別人的生活總是童話
是因為你不知道他的悲劇
背包客的旅程總是美好的
因為你沒有看到當中的苦

第四章 獨旅新鮮人

出走旅行，看的不是風景，而是去看最真實的自己。

看膩了的理所當然與珍惜

請好好記住第一次的悸動。

第二個義工服務的目的地為匈牙利首都，布達佩斯附近的一個郊區。香港並沒有到匈牙利的直飛航班，而比利時則為香港某航空公司最近推出優惠的新航點，於是就選擇了比利時作為中轉站。

離家前的那端飯特別好吃、每句叮囑特別響亮、回眸看的家特別燈火通明。或許是這個井底之蛙首次孤身一人出走，有點傻傻的失措。吃過與家人的餞別飯，便衝衝忙忙獨身趕上巴士。說話多了，原本剛剛好的時間，變得有點不夠用。只在不足一小時前才來到機場，沒想到旅程還沒正式開始，就先體驗驚魂趕車。幸好晚上的航班，人不多，光用十分鐘就完成了所有程序，立馬排隊登機。獨個兒第一次自己坐飛機，十一小時的航程，帶點興奮又帶點孤獨，期待而又擔心。我告訴自己，回來的要是個更好的李天心，話未說完，便感受到強烈的離心力。嗯，又離開了。

睡眼惺忪的我跳過了難得的飛機宵夜（凌晨三時的），然後早上十時用肚餓聲把我的眼簾翻開，是傳說中浪漫國度的陽光。

我還是有點徬徨，只見前方有個香港導游，提醒團友落地簽證入境時要注意的東西，我悄悄跟上。海關問我來歐洲做怎麼，我說當義工，看我獨自一人，個子矮小，睡眼惺忪，他臉上的疑惑把緊張傳給我，於是我立馬出示德國的義工證明，不久便放行了。

比利時近來成為恐怖主義的焦點，香港更發出紅色外遊警示。步出機場，熙來攘往，數位軍人帶著長槍四處巡邏，原本滿滿的安全感好像被奪去了。回想過來，正因為這份戰戰兢兢，一開初犯下了不少愚蠢的毛病。剛到步我匆匆忙忙走到火車站購買了一張港幣一百元的火車票，然後只坐了十五分鐘，來到了布魯塞爾的小區。翻查後才發覺原來可以坐巴士，價錢相對便宜。

初來歐洲報到，覺得一切都新奇有趣。火車窗外的一點一滴好像增強了色彩度，平平無奇、錯落有致的建築物，對我來說都是一座皇宮，彷佛置身於一個人的童話場景中，現在回想過來真有點可笑。但能保留這份雀躍，也算是一種幸福、一種睿智。

大師與新鮮人

「宜家飛去邊？」

「比利時。」

「我喺比利時呀！」

「而家？真！？」

「真。」

「我聽朝六點落機，聽晚五點走了。」

就這樣誤打誤撞，十一個小時後，在離家四千公里的陌生國度約了第一位朋友。他是個獨游背包客，在各個城市穿梭已經好一會兒，再過不久就回港，恰巧大家的行程在布魯塞爾重疊。

下了火車，依舊是拿著長槍的警察、冰冷的車站，這又在我臉上添上一絲緊張。幸好，很快遇上了朋友，上了一課歐洲安全速成班。在香港的時候聽過很多類似的東東，但真的人在他鄉，驚慌起上來真的會把腦海的一切忘得一乾二凈。真的很謝謝他：什麼 Google Map 的錯漏、青年旅館的大小事、當地人的小小習慣，現在終於有了個更實在的瞭解。他說是幸運地獲得了一位半天旅伴，像是他鄉遇故知，我尚未理解這份鄉愁，則覺得是幸運地遇上了一支強心針，就像獨游新鮮人遇上一位學成歸來的大師。

由於晚上要趕飛機，加上回程應該會在布魯塞爾停留兩日，所以這天本想鬆動些，沒有安排什麼行程。於是，我這個屁孩就跟著大師游覽自然歷史博物館和坎布爾之森了。

來到博物館，必須要先放大袋到儲物櫃方可入內。我脫下沉甸甸的背包，或許是太重的關係一下子墜落，我馬虎的把它塞進櫃裏，打算轉身就走。突然，震耳欲聾的巨響傳來，是從我的背包傳來。原來是我的防狼器誤鳴了，我很尷尬的連忙把它關掉，原來比我更尷尬的另有其人。正當我還擔心身旁的朋友會被人誤會，然而，轉身一看，完全無人留意，有點興幸，同時有點點擔心——歐洲人根本早已聽膩了警報器，在亞洲令人人心惶惶的，在這裏人人若無其事。

接著我們坐巴士回到車站，Google 告訴我們在原站轉乘就可以了，但原來方向是錯的，需要走到旁邊的站才能順利轉乘，幸好有大師提點否則我又傻傻的坐錯車了。

各人有各人的軌跡，交錯後，又各自上路。

晚上七點，陽光照樣映襯大地，而我卻抵受不過時差的影響，眼皮快要撐不住。然而，這時卻要提起精神。我乘坐巴士來到了南部機場，準備登上前往匈牙利的航班。上文提到布魯塞爾近年成為恐襲的目標，機場安檢比我想像中還要誇張，連手汗也需要樣本化驗，水樽裏不夠十毫升的水也幫我倒掉，更不用說把鞋子脫掉，正因這樣，原本以為只是十分鐘的安檢，我用了一個小時才完成，使原本疲憊至極的我更添睡意。

終於降落匈牙利首都機場，耳畔傳來的竟然不是飛機的引擎聲：歐洲乘客如雷貫耳的掌聲都把其他聲音蓋過，對他們來說，每每安全降落都是一種福氣。對於我這個亞洲女孩，他們的掌聲倒是嚇我一跳。然而細想，或許就是歐洲人也種莫名的感恩令他們把世界看的美好一點，比起凡事講求效率的香港人，倒是值得我學習的一點。

步出飛機，夜幕低垂，已經是凌晨時分。

由於乘坐的是廉價航空，機上並沒有提供飲用水，下機時的我口渴得要死，便急忙到便利店買了支最便宜的水。一喝，味道十分奇怪，苦中帶腥，它有點像完全沒有糖分的七喜。我刻意走回便利店查看，才發現自己買了支有氣水。還真想不到自己在歐洲連喝口水也有困難。事實上，在匈牙利，有氣水甚至比普通水便宜，甚至啤酒也會比水便宜。

接下來的日子，很多時候當地人也會給我有氣水，又或者直接飲用水喉水

（因為歐洲水管有過濾系統），又或者如在雲南的時候直接給我山水（味道很甜，不知是不是混和了山頂小孩的童子尿），但我還是喝不習慣，還是會很口渴。

而匈牙利、越南等國家使用的是硬水，也就是礦物質比較多，翻滾後會在水煲裡留下一層像薄蠟的東西。獨自旅行往往最需要小心水土不服，故此我還是不敢冒險。

安排行程的時候原本要趕到義工組織開始活動，故不得不選擇這班凌晨航班，後來則告知服務延期，無奈機票已經訂好了，所以也照上了機。凌晨到機場，機場內沒有酒店，我害怕自己一個人坐昂貴的的士，害怕深夜去入住旅館，害怕一個女孩睡機場會被偷東西，太多可能，而每個後果也是我不能承受的。最後選擇了此下下策：睡廁所。步進廁格，把門鎖上，或許是最安全、最白痴、最便宜的方法。廁所很乾净，只是帶一陣微微的阿摩尼亞氣味。比起人來人往的大堂少了份膽戰心驚，加上一開始還未適應獨旅的我整日十分緊張，於是閉上眼睛，不久就夢見周公了。就這樣傻傻的坐在馬桶上，一夜就過去。有時會想如果有旅伴就好了，兩個人起碼可以大膽睡覺，互相照顧。一個人較為緊張，更易累。但我想，在這之前應該先學會自己獨立，才有依賴別人的資格。

好不容易過了一夜，終於等到清晨，接著是坐跨境巴士。上文提到在買車票和機票後才收到服務改期的消息，故此多了一整個禮拜的空檔，我就決定到匈牙利旁邊的低消費國家——斯洛伐克窮游一下。從匈牙利機場到斯洛伐克，我選擇了德國跨境巴士公司 Flixbus。的確，其實有更多服務更好、價錢更便宜的公司，但因 Flixbus 可以使用國際學生証獲取優惠，更有歐洲多個國家的套票，所以就選擇了這個。

然而，大公司並沒有我想像的那麼完善。

提早的來到了巴士站，卻沒有找到所說的站牌，詢問機場職員才知道有些Flixbus的站是沒有牌子的。幸好目睹上一班的到來，才放心我沒有去錯地方。怎料上一班巴士竟然比時間表上的時間提早十五分鐘開走了。門票上寫明乘客有責任在巴士出發前十五分鐘到達車站，所以司機絕對有權早走。這些跨境巴士都不太便宜，有些班次更隔兩天才有下一班車，為了不容許半點差錯，及後我都選擇早到一個小時。還好順順利利地遞上二維條碼就上了車。

長途車外的風景美得出乎我意料之外，頭頂上的藍天白雲對我這個香港人而言很奢侈，我連忙拍下來，後來發覺，根本天天都是藍天，對他們來說是家常便飯，太多理所當然在這裏是天方夜譚。

終於到達斯洛佛克首都布拉提斯拉瓦的國際轉運站。沒有想到買票也是個學問，歐洲車票價格以車程時間計算，要查清楚到底要多久去到目的地方可買票。問題來了，我中間需要再轉乘巴士，但等候時間有異，到底該買十五分鐘的票，還是四十五分鐘的票？保險起見，我決定買了兩張十五分鐘的票，確保不會被抓。終於，我轉乘巴士來到了宿舍附近，地圖上的大街，在我看來根本是小巷，了無人煙，夜深歸家反而有點害怕。樓下的叔叔告訴我這裏沒有人叫安全，人太多，像是火車站，反而叫危險，又一次顛覆了我這個亞洲小妹一直以來的價值觀。

回到宿舍，立馬處理洗晾衣服的問題，看似日常得心應手的事情，在獨旅中則很考智慧、急才、規劃。由於為了確保行李不會超重（雖然在德國那程飛機，行李還是超了重），為了減少背包的重量（因為每天帶著十公斤的背包上山下海，對於我這個女孩還是有點吃力），我只帶了三套衣服——兩套快乾短袖、一套長袖，換句話說，就是每天也要洗衣服。要住便宜宿舍，當然也不會有洗衣機提供，出外單單只洗三套衣服更不划算，所以每天都要爭分奪秒回宿舍手洗衣服，再立馬曬乾。以前在野外訓練學到的扭毛巾法在這裏排上用場——必須把乾毛巾放在濕衣服下，卷起來，在使勁的扭，在坐上去，用自己的體重把水壓出來。原本的乾毛巾現在有一點點濕氣，濕衣服則乾了許多，這樣才能讓它們在一晚時間內迅速乾透。原本理所當然的洗衣機，不存在背包客的字典裏。

好不容易弄妥洗晾衣服的問題，終於可以洗個澡了（是整整兩天沒有洗澡呢），卻又是一波三折。我住的那層有男有女，而洗手間在房間外面，我帶好衣服到外排隊，等了一會終於到我了，當我正打算慢慢來個熱水澡的時候——什麼？門是沒有鎖的，內裏有兩個洗澡間，只用一張透透的浴簾作分隔。他們補充，你把衣服放在外面，別人就知道裏面有人，他淡定的說：放心，他們不會進來的。我當然覺得不安，但早已被各樣繁瑣事弄得有點頭昏腦脹，只想快快洗澡，於是就快快冲身，光用四分鐘，肩上的泡沫也沒有洗掉，就快快穿上衣服出來了，再在洗手盆上彎下身子洗頭。

走到外地，總不習慣當地各個系統、運作模式、環境、人文風俗，不停碰壁，的確，每次都要花很大力氣、時間、耐性，放下自己去理解，就像柏拉圖所說，人不能一直只盯在洞穴的那面墻，而是要不斷不斷地走出洞穴，唯有這樣方能看見更大、更廣、更真實的世界。

身心都處於疲憊的狀態，然而，好不容易來到這裏，好不容易都把問題解決了，當然要盡情的探索。反正日子也要過，那就開開心心的走。好好睡一覺，明天就精精神神地感受這個城市。

坦白說，我自己本來是個隨心的人，不愛太多規劃，是環境教會我要準備。那天，時間比想像中的長，就決定在城內亂走一通。歐洲的城市沒有我預期中的大，她不像香港、紐約、新加坡這種範圍較廣的城市，往往都是一個步行距離的城市，走出了腳下的石屎森林，便是萬片綠林。為了節省車費，基本上我安排的行程都是用腳走完的。我依稀見到有路，便一股向前衝，也算是見斯洛伐克較為安全，順道練一下膽子，然後打算兩個小時後才根據地圖找回家的路。就這樣，走著走著由總統府走到老城區，兩個小時在指顧間溜走，略有倦意。

正興奮發現新大陸之際，手機說它電量不足，充電器卻留在旅舍充電，忘了拿。本打算好好記住自己走過的路，再問路人就算了，但始終覺得沒法走更遠的路，心情也因記路而少了原本的隨性，所以就像傻瓜似的走回了旅館，然後再出發。

一個人的旅程中，少不免這種無厘頭、這種粗心大意，沒有人再當你的後備司令。正正這些小事，令這趟旅途更真實、更屬於我自己。

終於走到了中心鐘塔，上面刻上了世界各地各個城市與鐘塔的距離。離家者總是犯賤的在各處尋找家的蹤跡。後來，我在哥本哈根看見一家香港餐廳，儘管餐牌上的東西我根本從未在香港見過，但我總有種不然的興奮。明知有點兒觸景傷情，卻又按捺不住這份傻氣。我竟然在鐘塔上看見香港二字，就是這麼近，那麼遠，距離大家八千六百九十六公里。後來，在越南的時候才明白——距離根本不重要，無論十公里，一千公里，想家都一樣心切。

安排行程的時候，我從網上看到不少旅人都推薦德文城堡。原本不想坐車，只想想盡一切辦法省錢，後來覺得，坐巴士也是個感受當地的辦法。眼見路程長達三小時之久，我就放棄了步行的念頭，登上了開往郊區的巴士。

Google Map 說要在總站轉乘巴士，我以為是個蠻繁忙的車站，卻只有我一個在等車。司機見我一臉懵懂，便好心指示我走到另一邊的車站。上了車，司機彷彿跟各個乘客都很要好，我這個奇怪的亞洲臉孔吸引了他們的注意。我告訴他們我的目的地，他們友善的提點我下車。下車後，才發現他們提早了一個站叫我下車，看來這真是個毫不起眼的景點。不過沒差，反正就十分鐘路程。走著走著，我不禁心想：這不是個政府推介的旅遊景點嗎？怎麼人影都沒有？怎麼沒人認識？我是否走錯了，荒山野嶺，我會有危險嗎？同樣，我打算到斯拉濫——第二次世界大戰時對抗蘇聯所犧牲士兵的紀念塔。這個景點更列入了政府推薦的旅遊名單。然而，一路向北走上天梯，一個人也沒有。終於走上塔旁，整條路僅遇上兩個人。我獨自站在數千人的墳墓旁，不禁打了個抖，還是走了。一向去旅遊總是希望不到訪旅遊區，從小區感受城市，又或希望人少一點，拍照的時候不會拍到路人。然而，卻總希望有幾個人可以助我壯壯膽子。

來到城堡頂部，終於看到人了，嗯，是售票員和紀念品店員，然後就沒有然後了。我緩緩向上走，看到一個老伯拖著小孩，跟他講解歷史，小孩卻一直調皮奔走。他們是城堡裏僅有的旅客，只好麻煩他們幫我拍張照（這往往都是認識朋友、打開話題的極佳辦法）。「Where are you from?」「I come from Hong Kong」我首次感受了這兩個字的重量，我的一言一語代表他對七百萬人的印象。他竟然繼續追問我香港和中國的關係，香港人的看法等等。從小到大，老師總說世界很大，香港這塊彈丸之地僅是在地圖上的一點。什麼全球最自由經濟體、全球人口密度最高、最長壽的東東，在我看來，都是政府在打飛機的宣傳。但當我真的身在一萬公里外都能從人口中聽到香港的消息，我才知道原來香港有多耀眼、自己有多麼幸福。

他的孫子不再是他唯一的歷史課學生，我也加入了。雖然這個城堡空無一人，好像不受旅客歡迎，地點亦不在繁華的古城區，然而，它的歷史卻絕對值得一看。一看城堡不完整的屋頂、旁邊一堆頹垣敗瓦，我本以為歷史之悠久就盡在腳下。他卻把我們帶到城堡邊，讓我倆遠眺藍色多瑙河和附近的山脈，他說以前這裏發生過很多大大小小和奧匈帝國的的戰爭，後來一戰後，奧匈帝國瓦解，戰爭沒有，只是對象換了吧。雖然斯洛伐克口音的英文講解我沒有吸收太多，但從他的談吐，我感受到了一個典型老人對和平的珍重。

坦白說，布拉提斯拉瓦給我的印象沒有很好。後來，當我認真地寫遊記的時候才發現，其實這個地方也很美，更不用說當地的人。然而，為什麼我卻不太留戀這個城市呢？原來我總愛將內在因素訴諸外在環境，明明是自己還沒有習慣獨旅的步伐，就說是城市還不夠發達。獨旅，就想放大鏡一樣，把自己內在的缺點都顯露出來，是個尋找真實自我的契機。

獨旅，不一定是輕鬆愉快，不一定刺激，一切不一定在意料之內。但無論好壞，可以肯定的是，仍然必須要自己一個人走下去。每刻的感受，都是最真實的自己，所以請好好記低思緒，而不單是外在的風景。最美的風景是人，（雖然有時在歐洲真的人煙稀少，哈哈）別忘這個人可以是你自己。

看完《搏擊會》（Fight Club）這套電影，了解自己大概可以歸納出兩種方法：透過抉擇去區分自己，又或者不理會固有世界加諸在你身上的事物。人生的前半部分的意義就是個了解自己，雖然好像有點為了解而生存的歪理，但你不得不承認，人生就是個了解自己的旅程，而旅程就是不斷把自己放於不同場景，不斷面對不同抉擇，不斷更換固有的世界，從中檢視自己的侷限和潛能。

出走旅行，看的不是風景，而是去看最真實的自己。

在布拉提斯拉瓦的旅程終告一段落，我又揹起背包早了一個小時走到轉運站。去到車站，方知巴士延誤三小時。塞翁失馬焉知非福，同車的友人紛紛討論起來，原本無聊的三小時卻變得別具意義。各人分享自己的旅程，有人旅途中手機壞了，有人一到達歐洲就在機場被偷錢包，有人裸辭環游世界，聊著聊著車就到了，上到車子也繼續聊，到了布魯塞爾也一起坐車。

或許正正因為自己獨自出走，每當遇上同道人則興高彩烈主動認識，不會留在朋輩的安舒區中。每每認識一個人就像看書一樣，特別是與自己成長經歷、居住地不一的，故事特有意。

來到布達佩斯，巧遇香港人，一起走了半天。有同行者，自然分擔了不少旅程上瑣碎的煩惱。這趟沒有甚麼特別的人生經歷，沒有太多使人刻骨銘心的反思，沒有甚麼大道理，就像簡簡單單的去了一個新地方。這種簡單的旅遊得來不易，我必須非常努力的事前安排，才可以讓別人看來毫不費力。

多瑙河的美與她的憂愁

布達佩斯一切都很舒服，什麼打卡的景點我就不多說了，我倒想談談一個二戰紀念碑、一個政治謊言、狂言。

政府說這是為了紀念德軍佔領匈牙利的歷史。代表匈牙利的天使加百列站在中心匈牙利，手中金球彷彿快要墜落，成為雄鷹德國的囊中物，意指為佔領的受害者。紀念碑旁貼上了數張紙條、蠟燭、照片，仔細閱讀下發現了另一個故事：當年德國抵達匈牙利，收到的是歡迎花束而不是子彈。

匈牙利是第一批加入德國的盟友，更是歐洲首個通過反猶太法律的國家。多瑙河旁的一堆鐵鞋子就是紀念被殺害的猶太人，當年，他們在河邊被槍殺前，把身上的手錶、鞋子都脫下，放在河邊，後來有藝術家複製鞋子，放在原址。

一直以來，當地歷史學家一致譴責這座紀念碑篡改歷史，譴責政府藉此倡導民族主義，然而紀念碑仍然屹立。

堅強與代價

別人的生活總是童話，是因為你不知道他的悲劇；背包客的旅程總是美好的，因為你沒有看到當中的苦，這趟旅行是有後遺症的。

來到布達佩斯，當然要一到漁人堡。由於要趕往義工組織報到，時間不多，唯有快快登山。原本打算以纜車代步，然而高昂的車費打消了我這個念頭。就這樣，我背著大概十五公斤的背包跑上山。

我的頸椎早在考公開試的時候開始有側彎的問題，後來，排球訓練也導致出現加劇的徵象。旅程中，我天天揹著大包小包東奔西走，少不了有後遺症。在山頂，感覺到了崩潰的臨界點。我放下背包，就這樣呆坐在樓梯上，什麼都沒有看。

死撐是有後果的，旅程完結，但痹痛沒有。早上，經常頭痛，熟睡時，尾指發麻得把我喚醒，一開始不知道與頸椎有關，日復日，疼痛開始影響我的情緒才的起心肝求醫，後來才知道除了側彎外，還長了一點點骨刺。推拿、刮痧、針灸、走罐、物理治療、超聲波通通試過，甚至在背上放上姿勢矯正器，才好了一點點。

在越南工作時，更加嘗試了越式針灸，原本以為針灸、走罐都不覺得太痛，越式針灸應該問題不大了吧。殊不知，越式針灸沒有我想像中簡單。醫師將大約三十支針藥用針灸形式放到皮下，如頭中、頸後，待一個星期自行與體內溶解。

由於針藥比一般針粗，所以比針灸更痛，更經常有流血的情況出現。猶記得首次插藥後，天旋地轉的，說不出口的上氣不接下氣，莫名的不適，趕緊找了家餐廳。一坐一呆一小時，指顧間滑走，然後好不容易叫了輛的士歸家，就這樣攤屍在床兩天。說是輾轉反側，卻是連反側的能力也沒，那份針洞的痺痛豈是說忘就忘。次日，睡眼惺忪的甫進會議室。及後，插在頭頂、腳掌，甚至眼見毛巾上的一灘血，都嘗過了。每次依舊手心冒汗的攤在病床上，上刑場般的聽候發落，只好叮囑自己再怕都不可以亂動，否則插錯位置則更慘烈。

漫漫長路不易走，見不到盡頭，卻只能靠自己。在陌生的城市，再熟的也始終留有一線，沒有了每次發燒幫你買粥的媽，就剩下自己的堅強了。

漸次明白：有些痛只有自己明瞭，無謂交代、無謂比較、無謂解釋，更枉論理會那些冷笑，反正路依舊會是難走，就這樣學會了痛而不言，閉著眼上戰場，緩緩的、坦然的，告訴自己一會兒就可以撐過去，或者說，撐不住也只能繼續撐，這樣未來再大的難關我方有勇氣去跨過。

日子久了，針也沒有那樣痛了。復原的過程十分漫長，大概足足兩年我才康復。我告訴自己要好好記住療程中的痛苦，下次任何事都不可硬闖、不可馬虎了。

#05 走進自然

獨自出走過才明白—
眾裏尋到一個聊得高興的朋友是件多麼幸福的事
口裏說將來會再見—
但誰也清楚
這是再也看不見。

第五章
走進自然

一個地方到底是荒山野嶺，還是世外桃源，全賴個人觀點與角度。

城市與自然

看過大山大河、搬過巨木，更重要的是到個你不懂當地語言的國家，才明白自己多麼的需要謙卑。

就這樣，我帶著背痛迎接歐洲不簡單的義工服務。

先簡單說一下我來這裏做什麼，這個環境保育的義工活動由匈牙利一個青年組織與多波勾寇山一個組織協辦。多波勾寇山是匈牙利的神山，位於布達佩斯以北的郊區，鄰近與斯洛伐克的邊境。我們經多番轉車，好不容易才來到這個空無一人的郊區。這不是長期無人的，夏天會有寥寥可數的信徒來拜訪神山，冬天時則有不少匈牙利人來此滑雪。旅遊後剩下的往往是對環境的破壞，我們趁人少時來此則作修復工作。修山路、建引水道、除雜草、清潔蒙古包（這是匈牙利的傳統房屋，不要以為只有在蒙古才有呢！）等等都是我們的服務範圍。清潔蒙古包的同時，我們一行十多個義工便一起住在同一個蒙古包中，不分男女，不分國家，各人拿著自己的睡袋，就這樣擠在一個小圈。雖然每天都睡得不太好，畢竟每逢下雨，蒙古包的天花嘈得很，大晴天的時候，加上擁擠的狀況，所以容易熱醒，更不用說因為人多而提高了碰到高頻率鼻鼾聲的機率，但是也因為空間少的問題，讓彼此更加親密，也多了許多深夜聊天的時間。

後來工作差不多完成了，於是便新增了一樣更難的任務。由於冬天時需要靠木材生火取暖，而樹林底有許多比雷電擊中而倒塌的樹木，於是我們便去把樹木撿起來。作為一個典型香港人，第一下當然冒出了一個念頭：為甚麼不用機器呢？後來，做著做著，不但明白了因為斜度太大不能放置機器，車子並不能走到樹林底，我們只好以人鏈的方式把木頭運上山頂，再由車子運走。而更重要是明白了單靠一雙手完成工作的滿足感，在香港那個石屎大廈籠罩下，幾乎不能體會到。

有時候覺得東亞病夫真的蠻貼合我，木頭比我的人還粗，更有整個人高的，儘管每人只需堅持不到二十秒的時間就會把木頭傳到下一個人的手裏，但我還是撐不住那短短的二十秒。身邊比我高兩個頭的歐洲人，打量一下我，主動走過來幫幫我。又想起了一句老生常談：若有想要實現的事就請先增強體能，你總是在後半場倒下的理由、失誤後恢復慢的理由都是因為你體力不支，弱就想找回舒服，那樣就變得沒耐心。克服不了那疲勞的話，就顧不上勝負。沒有得到體力的保護只能是死耗。所以，在平淡的日子就更要增強自己。

此區的木頭差不多已經搬清了，於是主管便開始叫我們到另一區撿。撿著撿著，一名義工發現有點不妥。此區屬當地政府用地，並不容許撿木頭，更懷疑主管只為求牟利，罔顧義務工作的合法性。於是，他坦誠與主管交代想法，一開始未有多加理會，後來我們一群人都加入了，主管就讓步了。所以說，義工組織的質素直接影響服務的成效，算是買個教訓吧。

由於各人對義工工作意見有異，所以工作暫時擱置，各人再作討論，於是我們便利用討論空檔到後山走走。自以為行山能手的我並沒有太在意，穿上運動鞋就出去了。殊不知，神山比我想象中還要難走，一直走的都是亞洲的山，真的走到歐洲，才發現山可以長這個樣子。不少路更要借助欄杆把自己拉上去。它有點像峽谷卻又不是、更有能容納兩人的樹洞，不少奇怪山形、樹形讓它們都與神靈扯上關係，說什麼坐在石上可以看到前世、下世。

然後，我看見一班當地人帶著樂器到神山敬拜。原來每逢周六，他們都不介意路途遙遠，抽著笨重的傳統樂器，來到山上歌唱。他們先把香點燃，把煙吹到每個人的臉上，象徵神明對人的祝福。看著山、高歌讚頌著自己的神，一天就過去了。

一個地方到底是荒山野嶺，還是世外桃源，全賴個人觀點與角度。

好不容易搬完木，卻因大家都紛紛洗澡，只剩冰冷的水。打算躺在樹下待水暖些再洗，卻因打盹時張開口，而招來蚊子的不小心——飛進去了。衣服掛在樹上又招來了好幾隻蟲子在此午睡。打算回去蒙古包的睡袋裏小睡，卻又突然覺得癢癢的，噢，蟲子爬進去了。原來在歐洲的郊外經常都會遇到蜱，它會依附在溫暖的地方上，如腋下、腰間，慢慢探頭進皮膚裏吸血，一開始並無痛感，但若時間太久則會昏倒，甚至死亡。所以，每天洗澡的時候，都必須要仔細檢查，若有發現，就必須立刻小心的用工具將它取出。由於它長有倒刺，故不可徒手拿掉。同行的義工有好幾個在第一天就發現了。

▲義工服務內容包括除雜草、撿垃圾、鋪平沙石。

兒時去過林林總總的野外訓練，摸黑夜行、睡在膠袋上、因大雨水浸營蓬都走過了，但原來真正生活在這並不容易。一開始，坦白說真的很難撐，更要提心吊膽的希望不要成為蜱的宿主。不過日子既然要過，時間也只能向前走，就要強迫自己習慣。最重要是相信時間可能令自己適應，就這樣，信著信著就做到了。慢慢沉澱過後。才明白這一切一切讓我明白到自己的城市病有多麼的嚴重，明白風景有多麼的美。但凡人在感受河的川流不息、山的氣勢磅礡，就會忘掉自己，面對自己的渺茫和缺失。它以另一種方式告訴人：面對必然，只能接受，若執意抗衡，則不自量力。William Wordsworth 就曾說：自然使我們在人生和彼此身上追尋「所有良善和希望得到的東西」，自然是「美好意念的影像」，對於扭曲不正常的都市生活而言，具矯正的功能。這讓我想起中大王劍凡教授談及有關旅遊哲學時的一番話：或者當我們覺得自己如恆河一沙、並不會為世界帶來影響時，要做的並不是外在的，或是內在的讓自己變得舉足輕重，而是感受一下自然，然後悟出——各人都是相對上微不足道。我們總愛和別人比較，但在大自然的腳下，一切顯得並不重要，就像柳宗元帶著傷痛上西山，與天地萬物合而為一，從而緩解了被貶的傷痛。

山上住滿了花語為勇敢的蒲公英，就好像作為旅者的我們一樣。前方只有風雨飄搖的未知，卻要毫無怯邁開步伐向前。一株株白點只能乘上而後呼哨離去，絮絮飛越一座座心牆、一片片人海，在每次降落停留片刻，留下無人察覺的蹤跡，然後再次乘風遠去。

骨骼精奇與東亞病夫

走著走著就散了，有人說要突破主管六小時的記錄，有人則悠閑跟著自己的

▲搖搖欲墜、濕滑的扶梯令我汗顏，卻為身邊隊友增添幾分刺激。

步伐行走，有人的膝蓋之前受過傷，越走越慢。我跟另外兩個義工走在隊伍的中間，我問他們會不會想和更多人一起走，追上先頭部隊，或是留下等等朋友。他們說，各人走著自己想要的步伐很舒服呀，無謂將就他人。就這樣，我們聊到了歐洲人和亞洲人對給家用的看法。他們理直氣壯的、一致的說當然不用給家用呀，我有點被這個一致性嚇到，所以簡單分享一下就沒有多說。突然雷聲一響，要下雨了。由於神山樹木極高，不少樹木都是如上文所說的是被雷擊中後倒塌的，所以我們就加快腳下的力量，趕忙回到蒙古包。然後，那個曾受傷的隊友就遺留在後。各人若無其事，那人好不容易濕透了回來，沒有半聲道歉，讓我變得有點格格不入。後來和一個比較相熟的義工聊聊，才真明白他們的感受。不是說全部歐洲人都不顧家，而是他們大多嚮往注重個人發展、自由自在，毫無枷鎖的生活。獨自徒步游歐、到東南亞玩夠一年才歸家，對他們來說自己的故事好像沒有什麼特別，但在我這個亞洲人看來，簡直是瘋了。

餓了，就幫忙準備飯菜。啊，不，沒有飯，也很少菜。在這裏，每一餐都是地道到不能再地道的匈牙利菜。坦白說，真的是食不慣。用紫色的醬凃麵包、黑色的肉，我總不知道自己到底在吃什麼。他們不多意粉，而是把意粉切斷，像通粉又不像通粉的物體，加上茄醬就是最地道的菜了。然而，看見他們每天在努力苦惱，希望每天都讓我們品嘗到不同的地道菜，這份心意就足了。

晚飯過後，點起昨天撿的木頭，各人圍著小火堆，燒點簡單的肉，就聊起天來。他們的燒烤叉是鈍的，更習慣打橫叉著茄子、香腸，燒完便直接拿著方包包著吃，沒有蜜糖，也沒有調味，卻別有一番簡樸的匈牙利風味。首當其衝打開話匣子竟然是性愛的話題，法國的朋友說沒有婚前性行為根本不能瞭解那個人是否適合你，故應該人人也要有婚前性行為，丹麥的朋友更大談性愛姿勢。

▲一堆又一堆的木頭映入眼簾，再辛苦也值得的。

土耳其的義工則說亞洲女性常被歐洲人稱為海星，因為總是攤在床上待他人服侍，及後更問起亞洲人的性教育是否很缺乏。面對他們的高調討論，作為亞洲人的我真的很無知，基本上都搭不上嘴，真的不得不承認無知。

論斷與了解

在匈牙利的義工活動中，我認識了兩個土耳其人，他們經常偷懶，啊，也不算，因為他們有更重要的事要做，是抽煙。他自豪的告訴我他每天最起碼要抽十支煙，否則他不能入睡。他們是營中唯一的土耳其人，就這樣我便認定土耳其人都是愛抽煙的。後來在丹麥又遇上一個土耳其人，才知道自己心底犯了以偏蓋全的毛病，不但以一個人代替一個國家的人，還以一個禮拜代替他一輩子，甚至以一個習慣代替他的為人。人天生愛論斷人，總喜歡在過程中提高自我公義和價值感。相信大家都有玩過看紙上圓點的遊戲，眼睛有盲點，腦袋就填滿它，告訴你一個完整的世界，儘管它並不完整。所以要用力把紙張拿遠才能明白真相。想想我在大學曾咒罵的 Free Rider，可能他們並不是想像中的差，可能他們還是責任感的建立過程中，可能他們在生命中的優次不一樣，可能他們 Free Rider 了學校的課業，卻認真地當個盡責的學會主席。反觀自己，難道我們站在道德高地的同時又沒有當過 Free Rider 嗎？你認真完成課業，但卻從未負責家務，其實你也是 Free Ride 了你的家人，那為什麼 Free Ride 同學就猶如殺人父母，Free Ride 家人卻可以得過且過呢？說到底，看一個人頂多佔他生的二分之一時間，更何況對好人、壞人你有完美標準嗎？既然沒有，就不要

▲義工服務亦包括清潔當地傳統住宿「蒙古包」

以偏概全，以全概偏，任意論斷人了。

我總是喜愛在異地結交朋友，不是單單因為異地友的故事比較不平凡，而是因為他們不會輕易論斷人。不是說香港人愛論斷人，而是當人接觸本土文化以外的人，往往會將其原本不太接受的地方歸咎與文化差異。打個比方說，你看見一個比較開放的女生，在本地你可能會說她不懂矜持，並對其產生負面觀感，若是外國女生你則會說可能是各自文化不同吧，並沒有產生任何負面觀感。又假如有人性格固執，做事有時過分執著，在香港你可能會論斷他，而在國外，你心底可能則會主動為他找藉口，認為這是他國家做事的風格。如果下次結識新朋友，都把他當成異文化的人，你眼中的世界會否美好一點？

同時每一個異地朋友都在強化我對共性與差異的認識。只有差異才是最好的提醒，提醒我，外面有個不一樣的世界。

離別與相聚

每天重覆的撿木、聊天，不知不覺三個多星期的義工服務馬上要告一段落。

人總會遇上五湖四海、截然不同的人。兩綫交錯之時，短則數十分鐘，最長的也不過幾個禮拜，然後回歸各自的平行綫。這種即食麵式的友誼恐怕在旅遊時更加明顯。有時候遇上了個對嘴的人，礙於時間，被逼快來快往、乾脆瀟灑。但可以肯定的是，不論時間長短，這些人都讓我這個十八之年的黃毛小子上了短暫而又寶貴的一課。有些讓我明白人原來可以沒有人性，也總有些讓我明白人可以很無私，不論如何，我還是由衷的感謝。

說難離難捨恐怕太過矯情，但卻難掩一絲不捨。特別是在於世界之大，出門遠行，橫跨四千多公里，終究和你碰上，確實靠緣份、可遇不可求；另一方面，獨自出走過才明白，眾裏尋到一個聊得高興的朋友是件多麼幸福的事；口裏說將來會再見，但誰也清楚，這是再也看不見。這一別，基本上就等於永別，或許對他來說，香港不過是亞洲某某角落，不值他記得。因此也難免泛起一圈漣漪。

不捨的離別不應該是讓人傷心的工具，更不應是讓人對關係失去信心的工具，而是提醒人珍惜遇見的工具。人與人相處之時都知道總會有分別的一天，只要相處之時用力珍惜，分道揚鑣之際便無須不捨。

▲匈牙利的神山溝火晚會

那天晚上，我更準備了幾雙筷子作為禮物。他們在我眼中都是生活的達人，我這個黃毛小子沒有甚麼可以帶給他們，更遑論教導。唯一想到的大概就是正確拿筷子的方法吧，我從小都是像用筆那樣拿筷子的，直到出發前的起心肝想帶一點點東西給他們，便請教朋友，好不容易改了十八年來的壞習慣。沒有太多文化傳承的意思，只是大家開心玩樂，舉辦了個小型夾積木比賽，希望他們感受到我的重視，笑過了，就足夠。

自此，我每次出走都準備了數張香港的明信片，就算沒有，也最起碼會有一疊便利貼，算是留一綫再見的希望。有人說，雙方都明知再見猶如天方夜譚，甚至明天就把名字拋諸腦後，何不乾脆一點，及後永遠只是活在對方回憶裏那一晚的朋友，便足夠了。雖然機會渺茫，哪怕只有一張能在我三十歲時再重現眼前就足夠了，只要有一個人因為這張明信片而在失意時站起來，只要有一個人在忘記這段旅程後，看到這手字而憶起那日點滴，就足以讓我繼續寫下去了。這張明信片或許會有我不知道的力量，就帶著這份希望一直傻傻的寫下去。能夠擁有這份傻傻的天真其實是份有期限的幸福呢。

▲神山巨石前留影

就這樣送了明信片，然後來到分道揚鑣的一天。他們知道當天我要坐早上的火車，便特意陪我早走，送上明信片，再獨自坐上開往不同城市的火車。他們追著我的列車，用力的揚手，再見。原來我是這麼的不捨，原來他們也是。

在未來，會有那麼一天，我會忘記路上的風景，忘記遇上的面孔，忘記城市的名字，但感受是歷久不衰的。但願，這些感受會變成時光機，帶我回到那天的風景和記憶。這種興奮、緊張、期待、驚怕到不捨、到落淚，就是刻下回憶的催化劑，令這份憶記更加刻骨銘心。

街上蓋上一層白紗，朦朦朧朧的霧，看不到盡處，彷佛告訴我前方又是一個未知的未來。

#06
浪漫泡沫

旅途的所有課節上完了
要畢業了
學會幾多
得著幾多
也只有你自己才知道

第六章
浪漫泡沫

「活在當下」，其實這不是一個選擇，人只能活在當下。

漂泊與安舒

此地不宜久留。

接著便收起淚水，獨自一路向北前往下一個義工目的地。為了不用一次過坐整日的長途巴，我便把車程分拆，來到了奢華的維也納歇腳。

雖然兩個都是在歐洲內，但每每到達新一處，都要重新掌握交通方式、物價、貨幣、語言文字、風俗習慣。滿滿的無力感，這就是旅人的日常，但亦同樣是最享受的地方。

和歐洲人談吐間，可以見到他們視維也納是歐洲的皇宮。的確，她物價之高、人口之密集，無疑是歐洲一片悠然土地最繁華的明珠。出人意表地，維也納最便宜的竟然是博物館。所有十九歲以下的學生基本上能在維也納的博物館自由進出，無疑是對還有三個月就十九歲的我最大的福音。

來到音樂之都，當然亦不得不一睹維也納國家歌劇院的風采，本以為世界級歌劇票價不菲，然而入場費只是單單三十元港幣，當然無可避免有供不應求的情況。當天五時四十分開售門票，我計好時間排上了隊，一個小時後有幸成為最後十個獲得劇票的人。突然，前方一名穿短褲的男人暴躁的投訴，說他已經排隊一個多小時了，堅持要進到劇院，服務員也是見多不怪的直接趕他走。所以說，說走就走就該有浪費時間的心理準備。由於我手上的最便宜的企票並沒有劃位，所以還要爭頭位。各國有其約定俗成的霸位方式，維也納也不例外，只要把圍巾綁在座位的柱子就代表有人了。我事先查好了，立馬圍上外套，在到外參觀歌劇院的內部奢華裝修。

的確，偶爾很想放鬆，想著不要凡事算盡，只是在昂貴的國度，窮客並不宜久留。

回眸細味，算盡一切也不妨是種獨特的旅遊體驗。你說，去旅行計畫的八九不離十都給打亂了，十萬個後備方案都未必管用，倒不如不要安排了；去旅行去得那麼苦，倒不如不要去了，然而，正正是這種被打亂的節奏，來得可貴，也正因這樣，才叫歷練。

泡沫與幻滅

旅程之快，容不下我多加遐想，便進入了布拉格泡沫。

要到城市就首先要把歐元換成捷克幣，以便購買車票，然而城內城外的兌換率相差之大，一到埗便中了商人的小把戲，故我對這城市的第一觀感不太好。

好不容易買到車票，登上了巴士，正想打個盹休息片刻，殊不知一聲巨響，讓我嚇得差點倒地，回過神來，才知是車禍。捷克的巴士總是單層長條型，由兩個車卡組成，中間有類似地鐵的接駁位，遠看有點像彈弓狗。正因為這種設計，導致拐彎時司機難以察覺後面車卡的情況，就這樣，後尾給輛小車撞個正著，幸虧大部分乘客都坐在前半，無人受傷。車子動彈不得，我們只好下車，唯有步行至旅館，卻偏偏滂沱大雨。我走了一個小時也找不到旅館，及後不斷問路人，才發覺該旅館在官方網站、訂房網站、Google 地圖的位置不一。我唯有再次乘車，嘗試另一個地點。偏偏剛剛在兌換店的匯率太差，未有兌換太多捷克幣，唯有落湯雞般步行至車站，再作打算。好不容易來到旅館附近，旁邊玻璃樽散落一地，捷克為全球酒消耗量第一的國家，早上當然亦不乏醉漢，我只好加快腳步，天黑之際終究喘著氣的來到旅館，我連忙把背上的石頭放在地上，卻不料背包流下的水把人家的沙發都弄濕了。

旅行出了意外，很失望嗎？當刻的確有過這樣的想法，現在回過頭來，才明白這些課節，很有限的，不是人人能遇上。我往往就記得深刻清楚的都不是甚麼美麗的風景、好玩的機動遊戲，而是每個跨過難關的那一個頃刻，旅途的所有課節上完了，要畢業了，學會幾多，得著幾多，也只有你自己才知道。同樣地，當人生的所有課節上完了，拿走多少也只有自己知道，也只需要自己明瞭。常言道，要「活在當下」，其實這不是一個選擇，人只能活在當下。

次日，我終於有心力暢遊當地。布拉格以歐洲浪漫之都聞名，絕非誇獎。在莫爾道河河畔蹓躂，在帶點波希米亞的風情的查理大橋遊走，歷史悠久的天文鐘宏偉而又細緻，甚至浪漫得把詩人作家選作總統。她確實洋溢著浪漫的香氣，只是這股香氣引來太多遊人，迂迴窄巷車水馬龍，我才明白浪漫是要孤獨的。

那時我想，為何偏偏只有捷克的建築能保留完好？是修補技術超卓？旁邊的華沙可以借鏡嗎？我抱著這個問題來到了下一個義工營地，遇上了個捷克人，他說：這或者是因捷克曾不戰而敗，才沒有受炮火蹂躪。

後來，在網上翻看了潮池上的一篇文章，才明白當中原由。不知何解，作為香港人，這段慕尼黑背叛的故事有點共鳴：一九三八年，英法向納粹跪低，以綏靖換所謂的和平，承認捷克邊境的德國人聚居地為德國國土，小國命脈成為了外邦人的籌碼，教會未敢吭一聲。短短半年，他們再沒有反抗的權利，德國把全個捷克據為己有。時至今日，捷克無神論者比例甚高，大多歸因於當年教會的妥協。

那時，我看見有人登上了老城橋塔的一個小窗戶，於是大膽尋徑，經過幾層陰暗的旋轉樓梯，我不但可以從高空飽覽查理橋，更重要是發現了一個小展廳，它用一段簡單的短片簡述查理橋的歷史和構造。查理橋之所以歷史悠久同時屹立不倒，因為當時國王向農民收集雞蛋，將蛋漿混合石材，建成大橋下的高牆。那時沒有多加心神於此典故，如今，寫到這裡，我又看了次潮池，不禁苦笑了下。

那天，又是個趕通宵巴的晚上。凌晨十二時，我走了一整天，然後抱著背包坐在巴士站旁的有蓋火車站，以躲避下足好幾天的雨。睡眼惺忪的我快要撐不住，但置身車站這個扒手黑點，撐不住也要硬頂，有些路總得靠自己。

凌晨一時，工作人員向我走來，說車站要關門了。我愣住了，我還記得由於搜索不了火車站的官方網站和營業時間，於是特意檢查過車站時間，早上三點是有火車從車站出發的，連番追問下，原來每天凌晨一時到三時是火車站的休息時間。天哪！哪有這麼奇怪的營業時間，我終究頹廢的拖著背包走到巴士站，撐著傘，等候那遲大到的巴士。

臨走時一看，正正因為她帶來諸多的不幸，才讓我至今仍將當中一切記得一清二楚。那些不幸，總是附帶著數之不盡的大幸，這樣就足夠了。

#07
經歷歷史

以前做事或許得過且過
凡事總覺得盡了力就無愧於心
一個人漂流
算是經歷了那種不得不做得到的決心

第七章
經歷歷史

我們根本無法控制自己遇到甚麼人，唯一可以做的，是調整心態。

免費勞工與義工

既然好不容易來到這裡，請好好看待你的半杯水。

一上到巴士便抱頭大睡，然後喚醒我的便是德國的陽光。德國沒有想像中的寒冷，天氣還真的和香港有幾分相似，七月的陽光令我的背冒出一層薄汗，轉了幾程車後，幾經辛苦終於來到下個義工服務的城市：威瑪。

好不容易來到威瑪，筋疲力盡的我急忙地找了一間麵包店吃點東西，靜靜在公園坐下休息。誰料一放下背包，看見五十多個小黑點在我螢光色的背包套上。我還沒有回過神來便立馬揮動背包套，嚇跑了三十餘隻小蟲。原本打算算了吧，任由他們在我的背包住一會兒，應該過陣子會散了吧，誰知小黑點越來越多，細看原來是早前在匈牙利時團友叫我千萬小心的毒蟲。於是，立馬脫下螢光套，使勁地揮動背包，費了約一個小時，方可完全抹去小蟲。所以說，旅途一個差之毫釐的小錯，很大機會會被放大，更加提醒自己在最小的事情上辦妥，才讓旅程得以順利。

威瑪算是德國第一次世界大戰前的歷史重心，亦是現代德國設計的核心。在第一次世界大戰之前，威瑪是當時邦國的首都。第一次世界大戰之後的一九一八年，德意志帝國滅亡，德國的第一部民主憲法「威瑪憲法」在此簽訂，威瑪由此成為威瑪共和國首都，並保持至一九三三年納粹黨執政。而設計方面，這裡是現代設計——包浩斯的發源地，對世界藝術與設計的發展有著巨大的貢獻。雖然它僅有六萬人口，但卻是一座風景優美、古色古香充滿著文化氣息的都市。

這裡有著各種各樣的博物館，在宮殿博物館和市立博物館裡有很多國家收藏的藝術品。

這個義工機構致力推廣歐洲文化遺產，恆常邀請不少義工到歐洲不同的偏遠角落，為古蹟進行修復工作，同時會講解該古蹟背後的故事、文化，最後你需要將所學之歷史寫成文章和自己國家的人分享。當地食宿由機構提供，更有機會居住在古蹟內。我參與的時候剛好遇上歐洲首次文化遺產節，歐洲各地文物保育的人員都來到柏林，商討合作和推廣事宜，同時讓公眾有更多參與機會，藉此我有幸到達多個散落在德國的古蹟，亦能參與籌備節日的工作。當然，這個千載難逢的機會固然多人申請，我這個還在念書的黃毛小子一開始也吃了閉門羹。的確，他們會擔心亞洲人的英語能力，所以，可以的話，就拍下你的自我介紹，好讓對方不用擔心與你溝通。即使對方拒絕了我的申請，我還再附上一封用盡心思的文章，拍了一段短片，終於獲得了確認信。所以說，問題在於你到底有多想參與其中。

啊，等等，說了那麼多，其實我還沒有到達目的地。我在威瑪在轉了一程車，到達與義工組織約好的車站，由於那裡是近郊，沒有人也沒有信號。我早到了一個小時，然後呆等了半個小時，依然了無人煙，我覺得有點奇怪，斷不會整班義工都遲到吧。我決定走出車站，走了一會終於看見了村民，然而他只懂德文，我不斷重申我聽不懂英文，但他還是不斷跟我說德文，這個情況相信到過偏遠地方的朋友都一定有經歷過。擾攘了一會，終於等到了一個會英語的年輕人。原來用那個站名命名的車站並不只一個，火車站、巴士站、轉運站都叫這個名字，他建議我去最常用的車站查看，我跑到那裡，已經遲了半個小時，難得有個懂英語的村民說有一大群人半個小時前離開了。我只好跟著地址，在再次沒有訊號、連不上Google地圖的荒蕪村落裡獨自亂撞，一邊擔心會否今晚流浪街頭，一邊害怕遲到讓人家覺得港人不守時，抱著十萬個害怕，我大膽到拍門詢問村民方向。然後，不知不覺溜了快一個小時，終於到達那個帶點陰森的古蹟。我敲起那極沉的古銅大門，「有人嗎？請問這是歐洲遺產義工隊嗎？很對不起，我遲到了！」歇斯底里的叫了好一會兒，也沒有人理我，畢竟古蹟範圍大，後來才知道原來他們那段時間剛好回高層房間休息，難怪沒人理我。以前做事或許得過且過，凡事總覺得盡了力，就無愧於心，一個人漂流算是經歷了那種不得不做得到的決心，就是拚了也要做到的事情，或許就是因為當時訓練出來的瘋狂，做就了今天正在寫這本書的我。然後，不放棄的繼續大喊，終於有人開門了。

該古蹟並非有名，加上地理位置偏僻，原本以為許多人來來回回的博物館，現在映入眼簾的是個了無人煙的故居。這是啟蒙運動最重要的作家之一克里斯托夫·馬丁·維蘭德（Christoph Martin Wieland）的家，後來改建成博物館，上層的房間進行了少量改建，並儘量保留當時原有的室內裝飾風格，以讓不同歷史研究的人員入住。

後來，臨離開的時候我才知道原來後花園埋葬著這家的主人，加上牆上有點陰森的藤，不禁有點不寒而慄。古蹟內部經翻新後，十分舒適，有點像歷史主題的青年旅舍，然後三個來自不同地方的義工一起在房間裡討論各國歷史，更添一份歷史氣色，這個活化工程算是把這個陰森小館變得坦然。

次日我們便來到城堡的大路，立馬開始修復工作。由於以往馬車、大車頻繁往來導致出現路陷的情況，故我們便合力將路填平。看似小菜一碟，然而親手拿起木鏟，才明瞭當中的艱辛。每到休息時間，城堡的園丁都會把握時間和我們逛逛城堡不為人知的角落，甚至將舊時建後花園的草圖那給我們看，解釋背後的意義等等。義工營中人人臥虎藏龍，有唸歷史的，有唸劍橋的，有微軟的員工刻意請假參與，令這個「導賞團」生色不少，各人紛紛分享自己國家與此地的相似之處，加以歷史系同學的分析，作為整個團最年輕的義工，真的學到了很多。

辛勞過後，就有當地義工為大家準備的膳食。德國盛產香腸、火腿、芝士等食品，第一次踏進飯堂，單是香腸已經有十餘種供我們選擇。我呆了，搞不

▲德國膳食少不了的火腿、火腿和火腿。

清楚各種口味的分別，只是草草選擇了其中一款。雖說一開始是很期待嘗盡各類香腸，但是由於古蹟位置偏遠，他們並不方便出外再購買糧食，加上該小鎮的超市選擇也不多，所以過了兩個星期，我每天三餐都是香腸，沒有其他菜式，更遑論白飯。當然作為最年輕的一員，又是唯一的亞洲人，我當然不敢多說，只是多拿了點麵包，少拿了點香腸。於是，在威瑪段的最後一天，他們察覺到我的小舉動，便偷偷煮了白汁蘑菇飯給我，說他們知道亞洲人太愛米飯，見我離鄉一個多月應該掛念米飯了。我真的很感動，也很感激他們對我的重視，細節我沒有記得太清楚，只是記得那頓飯我很開心，把剩下的米粒也吃光了。

接下來便是最令人期待的歐洲遺產節，我們從威瑪坐著火車來到德國的重心——柏林。一步出車站，頭頂的水管便抓著我的眼球，從小到大都理所當然的以為水管都是裝在地底，然而在柏林，水管都架在半空，成為了個毫無掩飾的城市。柏林的歷史很黑暗，但最重要的是，她沒有把黑暗藏起來。

在籌備節日的同時，主辦方馬不停蹄的給我們惡補柏林歷史。柏林曾經是普魯士王國、德意志帝國、威瑪共和國、納粹德國的首都。第二次世界大戰中，柏林曾作為重要戰場，亦見證許多重要的軍事時刻。戰後，城市被分割；東柏林成為東德的首都，而西柏林成為西德在東德的一塊飛地，被柏林圍牆圍住。

「不行！你們立刻放下手上的工作，去歷史圈逛逛！」即使工作再緊密，德國的主管刻意安排我們分批有半天的自由時間，然後跟隨德國的義工去參觀一下當地的紀念館，一來好讓當有遊客問你歷史，你未會支吾以對，一來亦算作為一個世界公民不得不瞭解的人性黑暗。即使明明需要趕上活動的籌備進度，德國主管亦堅決安排時間，從他們的談吐可以看出他們極之重視此段歷史。德國人對歷史的態度認真得有點嚇人，一直強調要讓我們知道他們這個民族對戰爭、對世界的悔疚。他們的執著讓我反思那個不諳自己家園歷史的我，我從來不喜歡唸歷史，甚至覺得過去的事就讓它過去吧，跟我的關係都不大。但在他們身上的倔強，讓我明白這段歷史對他們的意義，和他們整個民族真誠的反思，從而帶給他們的身分認同，以至價值觀。

走進柏林歷史圈，大部分遺跡保留完好，那片土地一直停留於一九四五。坦白說，要單單了解歷史，互聯網似乎可以給你更完美的答案，甚麼網上立體博物館，不用擔心文字介紹字體太小，更不用擔心理解不了那偶爾難明的英文名詞。然而要深入了解歷史帶來的影響，並非單靠筆墨形容，無論我用再多的筆墨都難以媲美親歷其境。歷史的意義不單單在於鑒前車，更在於人與人之間互相理解。這些故事在國家層面，是歷史，在個人層面，

▲好不容易終於來到德國柏林參加歐洲文化遺產節。

是經歷。有位朋友與我分享，說歷史就像是世界一直給人類的歷練，問題在於我們到底有沒有虛心受教。旅行的意義不是單單一句讀萬卷書不如行萬里路，而更重於一種與起源的親身接觸。

除了一些比較認真、古板的研討會，我們更有機會在聯誼活動中幫忙。坦白說，面對密密麻麻的活動時間表，很多參加者都選擇休息，那該怎樣吸引人參加這個聚會呢？義工們竟然想了個瘋狂的點子——將嚴肅的博物館變為酒吧！我們選擇了通訊博物館以避免不莊重的情況出現，加入燈光效果，全人都驚訝原來博物館可以這樣！平日通訊博物館早在下午五點左右便關門，當日卻特意安排通宵營業，並免費開放予節日參與者，更邀請了其中一些參與者表演他們的非物質文化遺產，例如當地的民族舞蹈。若在下層跳舞後覺得有點累，就可以慢慢上樓參觀博物館，它有點像香港科學館，更陳列了各樣互動形式的展品，例如當解釋舊時信件傳遞系統時就可以親手將自己的信放進氣管，然後讓你看著它穿過吊在半空的輸送管。有時看著這班嘻嘻哈哈的歐洲人，創意無限，反

▲義工領袖帶我們認識威瑪歷史

觀在香港的自己總是有十萬個框框把自己鎖緊，的確又上了寶貴的一課。

當然，我說得整個義工團天花龍鳳，有人卻不這般認為。

過了好幾天，一覺醒來，有人稍稍離團了。

當你以為再舒適的義工活動，對某某而言可能是在虛度光陰。他說是和他的想要的有異，體力勞動加上輪迴似的重覆工作，他覺得有點在上班，便急忙的走了。那天晚上，我想了想，義工二字，所謂何解，「義」字裡面「我」放最低。還沒有出外當義工前，我總抱著那些完成OLE時數要求的心態來服務，希望獲得一班朋友，希望了解當地文化，這些希望都是從自己出發的，更漸次將義工服務的副產品當作了主角。其實，沒有人把你當成廉價勞工，從來都只是自己把自己貶成勞工。即使安排再妥當的服務計劃，只要自己忘卻了目的，就失去了義工的身份。義工不在乎行動，在乎的是自己過程中的心態，做人何嘗不是呢。他的故事總是提醒我不要把服務幻想成旅行團，保持當義工的初心方為這趟旅行最大的考驗。

▲每天晚上，各人都會在義工會議上分享當天所學，並討論未來兩人的人手分配。

不過世界上總有些人你永遠不會明白他的價值觀，不論是這樣中途離場的義工、還是和你去旅行然後睡不醒的人、還是那個在泰國見我不懂泰文而乘機刻意繞道的司機。特別是在自由行這種無「環境泡泡」（Environmental bubble）的狀態下，遇上這些人的機會或者會倍增。不要把旅遊說得那麼完美，這些老鼠屎出現的機會率根本就是一百個百分點，然後每一次我總會驚訝原來世界上真的有點我完全不曾想像過的人類。後來看到一些旅遊哲學的書，當中拆解我驚訝的原因，根據古羅馬斯多亞學派的思想，是源於一種思想上的根本錯誤。其實，這份驚訝背後必定存在某種被合理化的「想法」：相信這個世界不會有這樣的人。而斯多亞學派就是探討如何在人生中聚焦於能力所及的事情上，探討悲觀的正面力量，從而釋懷過去。古羅馬皇帝奧勒留（Marcus Aurelius）是晚期斯多亞學派嘅代表人物。他的《沉思錄》（Meditations）道出生活就是哲學，哲學就是生活。奧勒留的人生哲學，同現今社會所流行的正向思想背道而馳，他建議人將事情想像到最差，以最消極的想像應對世界的變化。斯多亞主義基本主張：「生活在無法把握的世界裡，能否讓自己有限的一生散發出人性的高貴與光輝？」的確，我們根本無法控制自己遇到甚麼人，唯一可以做的，是調整心態，「反求諸己」。奧勒留最後亦提醒：「為自己復仇的最佳辦法，就是不要變成像對你作惡的那個人一樣。」

不久，考驗便來了。

那天雨粉紛飛，我沒有料到溫差之大，跟著大家沒有穿很多就出去室外籌備展覽，原本我要負責把擋雨水的膠幕放好，但我冷得全身發抖，然而身旁的俄羅斯人沒有感到半點寒意，送給了我一個輕屑的眼神，附送幾句冷語。我愣了愣，光上了幾張膠幕便停下了手腳了。

對，我發脾氣了。在歐洲流浪快一個多月了，疲憊和寒冷交逼，原來自己的初心就那麼脆弱。我板著臉，和主管說了說，回到宿舍，獨自冷靜。人人永遠跳出來以後才發現困難根本沒有那麼難，剛才的冷也不過就冷了那麼一點點，然而我們總喜歡把當刻的情緒放大，唯有待自己冷靜下來，再繼續邁步。

這次的離開並沒有像上一次可以慢條斯理，由於下個義工緊接在後，只好當天四點多起床，留下明信片，然後獨自離去。

#08 義工完美化

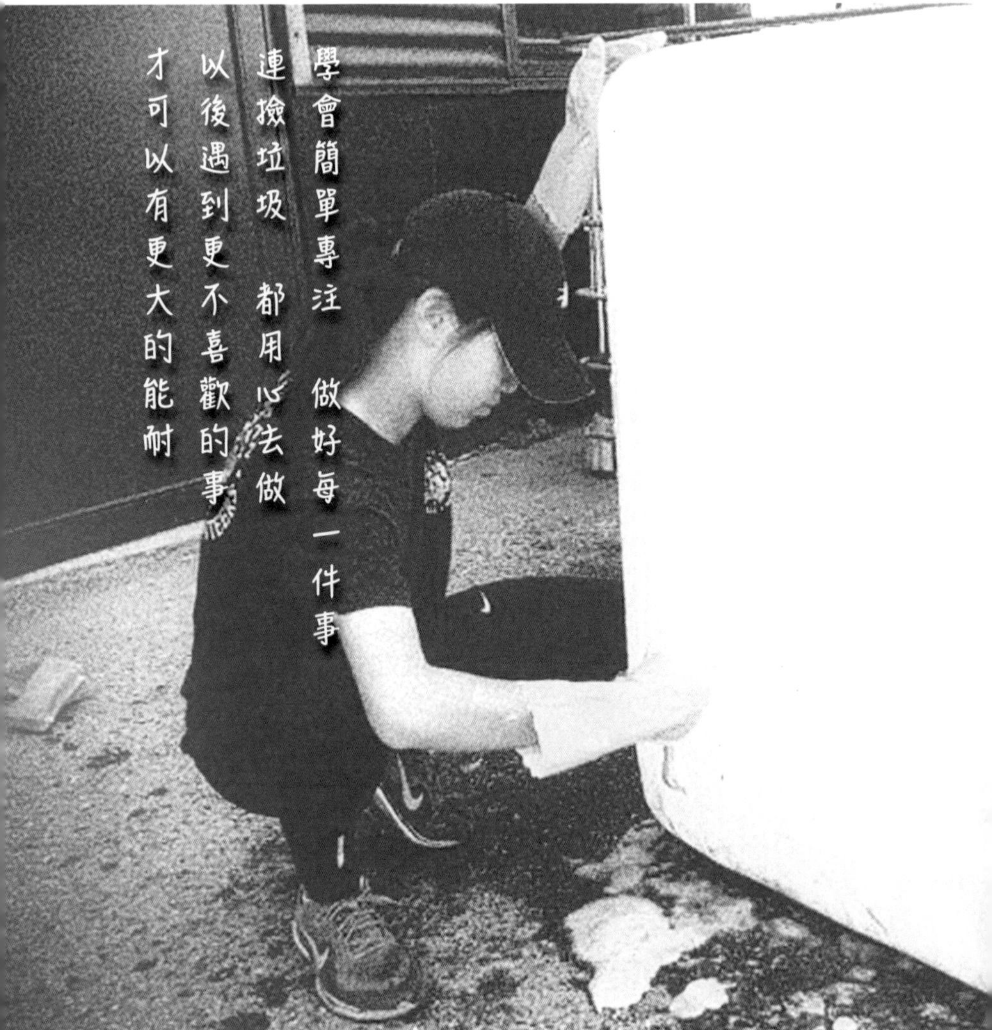
學會簡單專注　做好每一件事
連撿垃圾　都用心去做
以後遇到更不喜歡的事
才可以有更大的能耐

第八章
義工完美化

旅遊教會我的一件事，就是，永遠都會有遺憾。

打卡勝地與審美疲勞

天氣不似預期，卻有另番風味。

我原本打算省錢坐長途巴士由德國到哥本哈根，後來發覺時間太趕，而且歐洲內陸機票便宜得嚇人，於是就登上了飛機，打算再立馬轉乘內陸巴士，向丹麥北部進發，目標趕在天黑前到達位於郊區的營地。當然，有意外算是意料中事，毫不驚訝地飛機延遲，幸好巴士也跟著延遲，我才不至於再買過三天以後的巴士。

由於我這次並不根據義工組織的原定

集合時間，所以必須獨自來到郊區，德國出現的問題，那天同樣出現了。幸好這次有了網絡，我跟著Google Map來到郊區指定的草地，偏偏由於節日的關係，道路更改了，我站在草地的中央，但看不見營地。突然一輛推土車駛過，看我一張亞洲人臉，便知道我是屬於海外義工，直接讓我上車，然後直接載我到營地，我一開始還擔心他到底會不會是甚麼怪人，後來談話中才了解，這是丹麥人對人的信任。他還笑說，他們可以把嬰兒就這樣放在超市門口，然後吃過下午茶才回來，完全不擔心被拐去的問題。這份信任是這個城市最珍貴的財產。

最後我比原定時間晚了三小時才來到營地，於是我急急把帳篷架好，好讓我不用抹黑建營，怎料我都完成了，天還亮著。原來因為當時處於丹麥北部，基本晚上十一點天才會黑，而次日四點太陽就開始出來，原本以為襯暑假又丹麥很划算，可以享受的時光固然長，然而我想都沒有想過會這樣：那天，舟車勞頓，回到帳篷就立馬入睡，半夜，涼風陣陣把我吹醒了，我穿了件外套，還是

▲隨機展開一個月的露營生活。

冷醒，一個小時後我穿上了羽絨，外加兩條長褲，幾乎把我帶的衣服全穿上才可入睡。感覺只是閉上眼睛半晌，放肆的陽光刺眼便吵醒我，背上的汗弄濕的裡頭的衣服，羽絨就這樣一直臭臭的。本以為情況會慢慢好轉，抱著今天睡不好，明天就會睡好的佛系精神，天氣卻只是越來越誇張，環境不會因為你而改變呀，那之後三個禮拜到底要怎麼過。由於帳篷很薄，只用作擋蜜蜂之用，連蚊子也能輕鬆遊走，更何況陽光和噪音呢。去海外的郊區當義工，感覺就好像每天在荒島一樣，隨意歸隨意，有些東西還是不可或缺。繩子、眼罩、耳塞、釦子和萬用刀你永遠不會知這些小物在甚麼時候救了你一命。一到十一點，我便戴上耳塞、穿好還有一點點體味的羽絨、確保自己全身早已埋沒在睡袋之中，才好好入睡，到凌晨四點，天還沒有全亮的時候，就調一個震動的鬧鐘，悄悄的只把自己喚醒，然後戴上眼罩、脫了外套、只穿背心、把睡袋挪開，然後好好睡到八點，然後襯陽光還猛，就用繩子和釦子把衣服掛起。看似難捱的時日，卻又偏偏是最熟睡的日子，回到當下，算是高床軟枕，卻又教人輾轉反側。

每當翻開旅遊書，大多會提醒窮遊的你到訪北歐要在夏天，方能用盡極長的日照時間，亦教你避開雨季到訪東南亞。就這樣，自然灌輸了旅遊要選天氣如家的時日才出發的歪理，跳出框框細想，冬天到訪北歐有何不妥？正正夏天到訪東南亞方能切身體會當地得天獨有的熾熱，對渴求真實性的旅人，雨季、寒冬的確是個不錯的選擇，才能滿足這類人的旅遊意義。

先說一下我來這裏當義工的目的，是為了丹麥一年一度的大型音樂節 Nibe Festival，他是整個丹麥第六大型音樂節。每逢來到暑假，他們便會邀請一班海外以及丹麥的義工來到遠離市區的 Nibe，用一個月時間去籌備四天不間竭的音樂會。這一來是當地政府為了推廣音樂文化，與此同時吸引市民多走進大自然。整個音樂會佔地相當於一個維園的大小，所有參加者自備帳篷或者露營車，在空地上放上自己的細軟，然後便由朝到晚欣賞激昂的音樂。

這個音樂會在當地相當受歡迎，每年吸引大約一千人到場觀看，不少觀眾在觀看音樂會後十分享受當中的過程，便在明年參與義工工作，甚至一做便是十年。見這班人參加完再參加，想必這個活動一定有些吸引人的魔力。所有義工並沒有任何報酬，但就可以獲得無限添飲的啤酒、食材以及免費參加這一場音樂會。我就帶著這份極高的期許進入營地。

當地人啤酒當水喝，無論是在斬柴還是在搭建房屋，他們都依舊手拿啤酒杯。坦白說，對於剛十八歲的我，並不太習慣這種文化，或者是人生歷練太少，還未體會到酒的那種甘醇，有沒有體會到那種放鬆的快感，對於我來說或者是利用一種比生活更加苦澀的飲料去麻醉生活的痛苦，當然這是十八歲的我一種小小的感悟，但我想，這本書是我十八歲的記錄，就把我當刻簡單所想的東西

▲我們亦會為表演嘉賓準備舒適一點的小木屋，一手一腳把小木屋裝潢的成功感難以取替！

就把它記下來吧。面對他們揮霍喝酒的生活，不喝酒未免太過不合群，我知好尷尬的笑着說我酒精敏感，（雖然也不太算說謊，因為我一喝點點酒，就因為頸部受傷而更加容易導致頭痛的問題，又或者這樣說，就算我有一班香港人的酒量，在他們眼中我也只是過酒精敏感的人）。

由於大家都是義工，氣氛相對較輕鬆，而且歐洲人非常喜歡休息，每逢吃完早、午餐，大家都會直接躺在草地上睡上一個多小時，然後再被毒辣的陽光照醒，然後繼續工作。更不用說到了晚上，一群人拿着啤酒發瘋暢飲起舞。

一開始作為營內少數的亞洲人，都會覺得這樣的節奏會否太過散漫，好像一日到黑都在休息，工作效率也沒有很高，甚至內心吐槽過那些比較散漫的義工，好像來玩多過付出。

但是過了兩個禮拜，我有了不同的想法。

我慢慢習慣當地的天氣，夏日的太陽熱得要死，甚至把體內的精力都吸抽佢，我開始明白他們午休的時間設定。另一方面，他們的生活節奏也讓我這個繁忙的香港人反思了自己的生活。究竟這麼快是為了什麼呢？完成多了東西你的快樂有增多嗎？我總是自以為老成的，計算着未來的快樂，但往往忽略了當下的快樂，即使獲得了未來的快樂，也沒有在未來預留時間去消費這份快樂。

無論如何日子還是繼續。音樂節場地極大，由起點到終點大概最快也用上二十分鐘，雖然已經待了快三個星期才開始音樂會，我還是會在會場內迷路。我們劃分了不同區域，例如安靜睡覺的區域、主舞台、小型舞台、休憩區、攤

▲音樂節當然少不了人造沙灘排球場

位等等各個區域。在音樂節開始之前，我們主要負責音樂會娛樂部份的工作，例如利用廢木、輪軚、酒桶，經過打磨、上油、合併等等工序，變成充滿歡樂元素的枱和凳，又例如我們將沙搬運到草地較平的一處，然後搭建網，加上膠帶，將平平無奇的草原變成沙灘排球場，另外我們亦有設置一些帳篷，並邀請噴畫家在上面畫上符合主題的圖案。除了休憩、運動、樂隊表演的地方之外，音樂會還有各式各樣的攤位，例如森林的某處有燈飾設施供觀眾拍照留念、有髮型師為參加者化妝、整頭，以最佳狀態參與每天晚上的派對，有各式各樣、不同國家的美食攤檔，有非牟利組織宣傳的攤檔、有紀念品、小手作販賣的攤檔，還有少不了無限添飲的啤酒攤檔。

由於人數極多，廁所成為了一個非常重要的問題，大會安排了數百間郊外獨立廁所，可惜由於人數極多，加上郊外地區污泥問題嚴重，故此造成頗長的輪候時間，以及洗澡間嚴重衛生問題。

另外在為枱凳上油的階段也遇到了不少阻滯，我們在休憩區設置了不同的裝飾和枱櫈，亦在樹上寫下了一些鼓勵的字句和歡樂的圖案，希望將整個園區佈置得更活潑。誰知過了幾天，音樂會負責人告訴我們這班海外義工團，說丹麥法例不容許任何人在樹上畫上圖案、文字等等，更說被發現需要負上嚴重法律責任及罰款等等，我們這班不知就裏的海外義工便立刻用濕毛巾將油漆擦去，花了好幾天的精力，終究將樹木回復原狀。

▲丹麥郊外音樂節的成功，在於把大自然和人的力量結合在一起

好不容易一切準備就緒，終於來到音樂會。主辦方有幸邀請到 Aqua 樂隊到場表演，一開初當負責人提到他們要來表演的時候，身旁的團友都興奮不已，剩我一個不太留意北歐音樂的人傻傻的站在原地，後來討論一番才知道他們是唱 Barbie Girl 的樂隊，坦白說我仍然沒有其他團友的那份雀躍，但我仍然受他們影響慢慢增添一絲興奮。當然如果你說容祖兒要來表演我可能更加興奮，我才發覺大家在不同的圈子裏追求着不同的事和物，有時候並不代表那樣物件是我真心想追求的，可能只是身邊人和環境所造成，然後潛移默化地以為是自己想追求的東西，追星如是，

尋找自己的興趣、事業亦如是，更加提醒我要撇除其他人的眼光，誠實的坦然問問自己的內心。

話說回來，我們這班義工就這樣偷懶了四天，沉醉在頹喪的音樂和酒精當中。

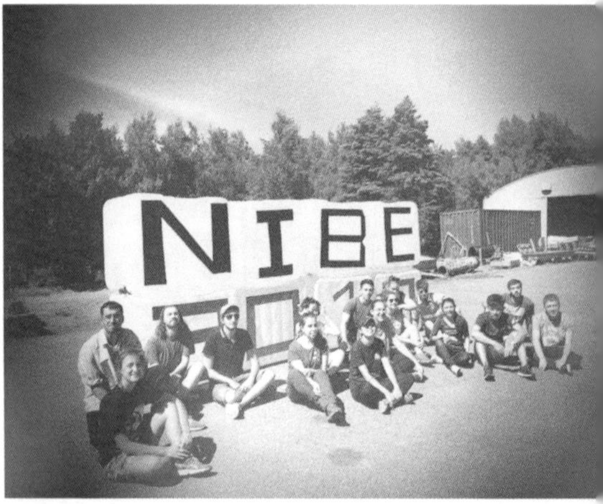

▲將發霉了的儲水箱變為裝飾品，晚上還可以發光。

歡愉過後，惡夢連連。我低頭一看，才發現，不用一日，遍地垃圾，酒杯、零食、包裝、甚至安全套，但由於音樂會是二十四小時無間斷進行，我們難以在中途清理垃圾，唯有等到音樂會結束之後才開始我們的清潔工作。由於音樂會並不是在石屎地板上進行，而是在凹凸不平的草地上，故此大大增加了清潔的難度，我們足足用了兩個星期來處理活動後的垃圾。

天天撿垃圾，人人都開始發傻。特別是一些本來預期來渡假的義工，他們慢慢感到不滿，說是跟往年不同，淪為廉價勞工。我又想起在德國柏林的情況，和後來在雲南段的情況，義工退出的情況可真是十常八九，義工之旅並沒有想像中的完美。那時候，我覺得有點悶，但心底覺得還可以，帶著放空的心情撿呀撿。後來，義工組午休，大家的怨氣好像一下子爆發，自己心底的想法原來是大家的想法，於是被當免費勞工的感覺更加重，有義工提出與主辦方抗議，甚至提早離去。坦白說，也真的有點意氣用事，還好義工組的組長是個成熟的領袖，他明白始終撿垃圾是我們一早說好的任務，也的確需要有人當這份不討好的工作，他與主辦方提出我們的感受，說是加入一些另類的工作，例如打掃房間或是拆舞台，讓我們還可以學到一點點東西，不至於每天重覆撿垃圾的動作。

現在回想一班人吐槽只會令低氣壓越來越沉，回不了頭，倒不如各人獨自靜一靜。靜下來一想，撿垃圾、分類、洗箱，連同先前洗蒙古包、洗廁所、洗車、搬木、除草、起屋、開路、鬆泥，我相信沒有人會喜歡這些事。然而，喜歡的事要做好並不難，要把不喜歡的事要做好才是考驗。當中得到的，又何只一口乾淨的氣息呢。學會簡單專注做好每一件事，連撿垃圾都用心去做，以後遇到更不喜歡的事才可以有更大的能耐。

撐一撐，時間很快就過去，旅途便來到終點。多得撿垃圾這些疲憊的時日，才讓整個義工團隊變得熟絡，甚至牽起了幾段異國戀。離開的時候，大家都哭了，說是在未來要到對方的國家旅遊。我那時哭，是因為我知道現實是殘酷的，有多少異國朋友可以再會呢。事隔一年，看著這段文字我又落淚了，這次是因為我沒有想到能夠在新加坡碰上當時的朋友，更加沒有想過可以到台灣住在她的家。旅途繼續，因為當時機票價格問題，要待一個星期才有廉價航班，於是又襯這個空檔北上，到周邊國家靜一靜好好回顧一下在歐洲的兩個月。不過坦白說，在挪威和哥本哈根的幾天，我都不在狀態。心總是記掛著在港的媽媽。下文再詳述。

來到最後一站，無疑出現了審美疲勞。我憶起第一晚初來乍到，從火車站一出來，匈牙利的大教堂直逼瞳孔。甫進那教堂內部，那種雄偉壯嚴令我這個亞洲人發呆了，然後更瘋狂拍了不知多少張相。及後，我都總如大鄉里般瘋狂到地標打卡，不知就裡的，只見網民說他有名，那就是必影勝地，然後在親友面前炫耀一番。現在，轉角就能夠找到一間富麗堂皇的歐洲教堂，在我眼中慢慢只淪為一堆石屎。加上，旅途久了，腿軟了，很多時候甚至走到大門，了解過一點點歷史，然後就揚長而去罷了。漸次虛榮心滿足得多，才明瞭這種旅遊是Veblen所形容的「炫耀性消費」。明眼人一看，是個白癡，用極貴的機票換一張照片。照片是個副產品，一份紀錄，但並非旅遊的全部，本末倒置的話便很容易變得和在網上下載照片無疑。

奧斯陸的街道空無一人，好不容易走到歷史景點、歌劇院等，也最多五、六個人。如果說，最美的風景是人，那奧斯陸就是沒有風景可言，從頭到尾也沒有和一個當地人聊過天。現在每每去旅行，都會看看該地方的常住人口，才會發覺香港人口之密集原來真是冠絕全球，有些事或者真係要出走過，才明白別人的尺子和自己的不同。

奧斯陸為全球物價最高的地方，惟有超市和快餐店可以解決我的需要。但我卻又找不到超市，又不想坐極昂貴的巴士（大概四十元港幣坐大約五分鐘也沒有的距離），於是便靠雙腿足足走了兩小時抵達市中心（也是沒有人的），好不容易到了諾貝爾和平館，卻發覺門票貴得嚇人，惟有無奈放棄，徒步走到建築博物館卻發現沒有開放，歷史博物館、國家藝術館通通裝修，奧斯陸皇宮難得有開放，但導賞團費用又是高得可怕。

旅遊受限於假期、預算、體力，總是需要面對選擇，要甚麼、不要甚麼都是一個又一個的分岔口。出發前的行程安排是選擇，晚上要不要去看夜景也是選擇，連吃甚麼也是選擇。來到歐洲最後一站，我不禁問自己，這一連串的選擇中，我後悔過、遺憾過、錯過過甚麼嗎？旅遊教會我的一件事，就是，永遠都會有遺憾，但永遠不要讓自己後悔，錯失的東西就是下次再來的動機。

跟隨著跨境巴我來到了瑞典的哥德堡，打算快閃幾個小時然後再繼續向哥本哈根進發。始終時間不多，只好在海濱慢慢散步，參觀一下海邊的海防建築。倏忽，一個白人男子向我迎面撲來，給我一個大擁抱，更親我的臉頰，跟我用英文說了聲我愛你、你很好。我發了呆，立馬飛奔離開海傍。

回過神來，其實我到現在都不知道他到底是變態，還是好人。或許他是見我樣子太累，看著海邊，以為我要自殺，所以才走來給我一個擁抱罷了。這樣想，我好像沒有那麼害怕。或者世界上不同地方的真相有很多，但都不重要，重要是你怎樣想。而怎樣去想你的經歷也是個選擇。

我在時間的軌跡上徘徊，踏上每一列經過的車。沿途的風景在漸漸遠去，我舉着那快叫思念的車牌，等待着最後一站——家。

#09
聯合國的小正經

這趟旅程算是有很多這種突破自己的時刻
每一次都覺得很害怕很難
沒有信心
然後又一次又一次的撐過去
WELCOME
THE UNITED NA
3 GOOD HEALTH AND WELL-BEING
4 QUALITY EDUCATION
5 GENDER EQUALITY
12 RESPONSIBLE CONSUMPTION AND PRODUCTION
13 CLIMATE ACTION
CENTRE -

第九章
聯合國的小正經

旅途之所以有意義，大概就是將走出安舒區這個動作變成我的習慣。

認真與玩樂

謙卑聆聽方能聽清異國聲音。

剛從歐洲回來，好不容易熬過了十二小時的飛機，迎來的卻是發熱得要死的身軀。撐了三個月，獨自漂泊的緊張感逼使身體不可倒下，一回到安舒區，便立馬病倒的情況實在太常見。醫生說是擔心傳染病，假若我持續發燒的話，便要送往隔離。可能是因為下一趟旅程又緊接在後，身體旋即恢復，然後又踏上機場。

急忙擁抱曇花一現般的安穩，然後這

次抽起行李箱再次登上青馬大橋。是次旅程得到中大獎學金全額贊助到聯合國亞太總部參與青年會議，窮遊背包客終於可以讓肩膀休息一下，將行李寄倉，當回一個有經濟能力的旅客了。

踏進酒店，先要經歷緊張刺激的分房儀式，我被分配和一個來自南非的女孩一個房間。一開始她就極熱情的歡迎我，總是用極高頻的聲音和我打招呼。

每當去這類交流會議都會有一晚服裝秀，來自世界各地的人紛紛穿上自己的民族服飾。作為香港人，我理應穿著旗袍，不過這代年輕人也著實慚愧，我的衣櫃的缺沒有存在過旗袍，或者這是現代人天下為家的概念，就這樣穿著普通的一條裙子踏進宴會廳。

可以看得出，南非的室友極之重視服裝秀，她早上四時就起床洗澡，然後吹頭髮，再足足用了整個小時化妝，我就這樣被吵醒了。過了不久，她更以高頻和家人聊天，那我就這樣凌晨四點被吵醒了。不知道是不是因為他們天生樂天，她還真的沒有半點抱歉，一般遇到這個情況，我會很氣憤，但不知道為何，請問我把他的自我中心歸咎於或者是我不了解他們的文化。我只是淡然的跟她說了句：你可否去洗手間，關上門和你的家人聊天？

相反，想起在越南有潔癖的香港室友。凡洗手間地上有水就會吵起來，我反倒更生氣。有時候會想，如果把這些歸咎於自己對她、她的國家的不了解，我會否好過一點？

由於人數多達一千五百人，聯合國指定當地五星級酒店作為會議人員住宿地點，包起了大堂作人員註冊處，包起了兩層會議廳供大家用膳，包起了十五輛大巴士作運輸。為了滿足不同國家對食物的要求，每一餐都有如滿漢全席般，素食餐和穆斯林餐亦與普通餐的選擇一樣多，光是依著自助餐的軌跡走一圈就要用上好幾分鐘。為了滿足不同宗教人士，會場設有祈禱室。為了滿足不同語言人士，會場亦設有中英泰等等即時翻譯，連小休也有豐富茶點，無疑把我這個在歐洲曾以法包度日的小子嚇傻了。

諷刺的是，這個會議是討論世界各地的問題，如貧窮、戰爭當中的青年權利。例如當中有探討在菲律賓風災後的兒童性交問題，孤陋寡聞的我一開始並不清楚兩者的關係，更以為自己聽錯了題目。原來當天災人禍發生以後，問題並非單單醫治和重建。當年的青少年受到風災影響，情緒低落、經濟能力極低、家庭功能亦被大大削弱，加上本身菲律賓性教育的不足，當不少青少年聽到能以性交換來金錢，便爽快答應，掀起一股青年性交熱潮，當中亦令強姦等問題更趨嚴重。而政府亦忙於處理災後重建問題，無暇處理青年人的問題，更令問題一發不可收拾。而其中一名受害人是這次會議中菲律賓的代表，他忍住淚水在所有青年議員面前道出自己的經歷，這個經歷沒有令他繼續沉淪，他加入聯合國到下一個有自然災害的地方，加入當地災後工作，保護當地的年青人，最後獲得全場掌聲與鼓勵。

▲聯合國大學生領袖高峰會 2019 閉幕禮

當然也有不愉快的討論。有天我們談論北韓人權問題，當中提到不少國家遣返了由北韓逃難的人，感覺是把他們推去鬼門關，但同時亦需要考慮到政治、經濟、難民等問題，遣返有時亦屬不由得的選擇，當中有人舉中國作為例子，隨即有批中國學生認為並沒有發生該事件，於是舉手質疑發現同學的可信性，亦指責他借題攻擊中國，令場面氣氛一度尷尬。坦白說，我們本是理性討論人權問題，後來則變為政治問題。先不論該例子的真確性，於這個理性會議的討論中，相信原本同學並沒有這題攻擊中國的意思，但似乎同學過分敏感，自行對號入座。就算該事件並非真確，我們可以用提出疑問的態度，或者解釋的態度，而非責罵的語氣。再者，若該事件的確為真，只是我們一直在自己腳下狹窄的方圓，躲在柏拉圖的山洞，不知世界天高地厚就下判斷，那是極其危險的。

我也不停提醒自己，每當去到一處新地方，必須放低自己家的一套，不要過份敏感，他未必是我所理解的意思，也不要單顧自己，免得自己得罪他人。

記得在丹麥的時候，由於每天都吃法包，腸胃自然吃不消，偶爾有口胃氣，不小心打破對話中的沉默。起初我以為沒有什麼，畢竟是自然生理反應，以往在香港，也只是說說笑的話題，甚至是不少人刻意和朋友混熟的方法。但原來在丹麥人的眼中，是極其嘔心的。雖然我也不清楚他們平日是如何忍下這口胃氣的，這是他們腸胃較好吧哈哈。於是我唯有當下次感到不適時，稍稍離去，以便尊重他們。

做到不卑不亢，才可以讓外人欣賞你的家。

話說回來，在會議中，每當講者分享完，各自輪流提問和討論。在香港上課往往有個刻板印象，就是同學都不敢發言，然後抱著這種講多錯多的態度就到社會。是次抱着一定要在會議上舉手發言，作為自己的目標。面對1500人，也着實有點膽怯。怕是自己的問題太過低層次，影響了其他國家的人對香港的感覺。現在回想過來，到底我問了什麼問題呢，我還是沒有記起。只是記得當天大膽地的踏出了第一步，及後回到香港，到了新加坡、美國，沒有再給這個概念框住自己，什麼問題也問，反正學習的是自己，也不需要因為介意別人看法而令自己少學了一課。然後，只要踏出了第一步，第二、三、四步也沒有想像中那麼困難了。問問題如是，獨遊也一樣。

經過三天的講座和會議，我們這班大學生開始坐得有點瞓，終於來到了自選義工服務日。一千五百人隨各自意願選擇二十多個短期服務計劃，例如到貧民窟派發物資及探訪，由於該地區治安不佳，外人往往需當地居民或社工幫助才能進去，不少人都分享這讓他們見到鮮為人知的泰國。而我選擇的則是環境義工計劃，我們來到曼谷的偏遠郊區，以獨木舟的形式清理雜草。當地的池塘因為長年無人打理，雜草叢生至鋪滿河道，不但危害了池塘內生態，亦令當地人難以使用水路運輸。我們先用半小時學習基本獨木舟技巧，然後便立馬出發，一見到雜草便把它放上小船，然後反覆來回碼頭，連續動作大半天，還真的有點累。丹麥同樣有類似的獨木舟活動，水上中心免費租出獨木舟，吸引一班義工在練習獨木舟的同時，訓練體能，幫助海洋生態。除了清除雜草，攝影是我另一個任務，我希望用照片回報這班義工。好不容易撐到下午茶時間，當地村民以傳統美食招待我們，雖然我到現在還不知道自己到底吃了什麼，只記得心是暖暖的。他們還給我們作傳統水上表演。然後只記得在旅遊巴上睡得好好的，一下車便是檢討的環節。我大概因為精力都用在清除雜草的工作上，大家討論的內容和分享的感受我都記得不太清楚。只記得我們組的義工領袖，凡事親力親為。及後點算才知，我們當天一行人為泰國清理了四十公噸的雜草，我也沒有想過會有如此的成效。我們甚至登上了當地的電視新聞報道及報章。

這次到泰國，什麼博物館都沒有去，了解其他國家的文化為主，倒沒有認識過泰國，或者真的因為最搶眼的風景是人。另一個原因是朝六晚六會議也著實消磨體力，難得有空餘時間就想睡一睡，或者去鄰近極便宜的按摩店休息一下。

你大概會問為何開會要朝六晚六呢？由於牽涉到的國家極多，更牽連不少政治問題，加上聯合國往往成為這些全球問題的磨心，所以每到訪聯合國大樓都需要通過極嚴謹的保安檢查，（之後在越南聯合國分部工作的時候同樣面對這個狀況）單是排隊輪候就花上快一個小時。加上曼谷塞車問題極為嚴重，短短二十多分鐘的距離要用上一個半小時，於是便要提早兩小時上車。

雖然很睏，但也是因為這個緣故令我們多了很多與不同人士對話的機會，每天也上不同班次的旅遊巴，鄰座的總是不同國家的朋友，每次交談總是學到很多東西。

車程結束，我回想起有幾次和香港人同坐的旅程。是的，我們往往可以選擇留在安舒區，和自己相同文化的人聊天，也就是像現時社會，很多人選擇聆聽和自己相同的聲音，圍爐取暖，然後掩飾自己的不安全感。相反，聆聽不同的聲音是需要給力的，就像一個新的群體，和自己聲音不一樣的群體，需要很用力的去交流，謙卑自己，過程真的很費力，但往往才會學到意想不到的東西。

會議結束了，我選擇了留下來，因為先前繁複的會議程序令我根本沒有時間看看這個社區。原先的酒店住宿費大概要八百港幣一晚，雖說包早餐，又有各項設施，保安上也確實比較安全。但作為窮遊旅者的一份子，也實在負擔不起，我找到了一間一公里以外、每晚只售二十五港幣的旅館。那天清晨，在酒店退了房，便拿着大包小包、其他國家朋友送來的禮物，蹣跚地走到一條陰森小路。一分價錢一分貨，這麼便宜是有理由的，我要先走到一個無人小區，然後再在小路左拐右拐，終於找到旅館。我只有一個棺材位，和一個小小的儲物櫃，但放不下我的行李。雖然地方淺窄，但也着實夠我使用。

好不容易有一天有精力可以出去走走，我跟隨朋友到考山路一逛，才發現地攤沒有了。曼谷市政府剛好在我到步的一星期前對考山路上的街攤進行取締和清查，要求他們只能於夜間在街上進行販賣，擺攤位置和攤位大小也將有所限制。儘管攤商們已嘗試向政府進行協商，表明只在晚上營業的困難，但官方只回應，若想在白天擺攤，就必須每月繳納更多規費給市政府。

街頭攤販作為曼谷的特色，是考山路吸引觀光客的要素之一，對許多社會底層的個人或家庭而言，也是重要的生計來源，一九九七年亞洲經濟危機後引發的失業潮，也帶動了新一波的街頭攤販在曼谷崛起。目前曼谷的街頭攤販需向市政府進行登記，並按月繳納街道清潔費。不過，非法擺攤的業者也不在少數，官方不斷透過各種計畫，希望將這些商販整頓到較為整潔、有接水電的公有市場，然而搬遷和租用這類市場店鋪的成本，是許多小攤商所無法負擔的。

回程為了省錢，我選擇了凌晨的航班。也就是說我要晚上離開旅館，坐上尾班車，然後再到機場發呆幾個小時，這倒不是問題，反而要在深夜拉著行李離開旅館，我的確有幾分擔心。只好深呼吸一口氣，然後拉着行李飛奔到市區。

這趟旅程算是有很多這種突破自己的時刻，每一次都覺得很害怕、很難、沒有信心，然後又一次又一次的撐過去。走過了一個難關，才發覺並沒有那麼難，然後又走去下一個更大的難關。旅途之所以有意義，大概就是這些時刻太多，然後強迫你長大，將走出安舒區這個動作變成我的習慣。

當過了窮小子，總是有辦法將自己稍為變富一點休息室。出發前就知道自己會選擇很多凌晨航班，往往需要在機場等待多個小時，又不希望晚上睡覺時被人偷走行李，畢竟背包就是背包客的全部，也不想重蹈那睡在匈牙利廁所的難眠夜。於是這次首先留意了大學生免費申請休息室服務的辦法，所以這趟在候機的時間，來到了泰國機場休息室，洗個澡，吃過晚餐，做在按摩椅歇一會，然後聽到提示再走到登機閘口。

這趟嘗過了最窮的方法，也算是體驗過富貴的時日。的確當金錢不是考慮因素，會少了很多憂慮、感覺舒坦、時間也充裕得多，自然也會比較放鬆去享受旅程，然而退一步想，正正因為缺乏金錢讓我多了很多特別的經歷，一些其他人意想不到的經歷、一些讓我成長很多的記錄、一些讓我未來更加善用金錢的經歷。

#10
露營車長征

這些骸骨本來都屬於一個個有生命的人
他們分別都有自己的故事
但在這裏
千百年來早已不分你我
互相交融在一起了

第十章
露營車長征

有些地方，你到過一次，心總是會有個空位惦記著……

人死燈滅與天葬的榮耀

如果死在路上也不錯。

吸收了上次硬座的教訓，是次買了床位，卻又愚蠢地選擇了上層，依舊不能伸直的身子，下床又怕吵醒下層的乘客，不上不下的好不容易堅持到北京西。中國內地凡進地鐵站都需要經過安檢，以前以為香港塞地鐵恐怖，原來在北京過安檢更甚，經過一個多小時的洗禮，才明白香港原來不算人多。

好不容易到達酒店，肚餓得要死。我

急忙放下行李，就走到樓下找個快餐。誰知幾乎所有商店都不接受現金支付，當我告訴店員我沒有微信和支付寶，店員不懂得反應，好像是奇葩般的，尷尬地拿出現金。

那天晚上，因為知道自己要留在內地起碼一個多月的時間，始終覺得沒有微信支付不太方便，也會為其他團員添上麻煩，只好死氣尋找登陸辦法。但沒有中國內地身分證，拿著回鄉證的我，要到指定手機店鋪才能申請實名制的電話號碼，然後有了電話號碼才能申請銀行戶口，手續也需時，然後才能在應用程式上登陸。但是次行程每隔幾天就會轉換地方，在沒有時間等待我慢慢去進行這個手續。中國內地算是一個完全不利外人旅遊的地方，當地鼓吹國內內銷旅遊，如果你擁有內地身分證的話的確暢通無阻。從一個城市看待外人的方法，就可以看出這個民族看待自己的方式。

是次旅程是跟隨一藝術基金會來到偏遠的山區，基金創辦人在三十年前到了歐洲五個半月，三十年之後，他帶領一個十人團隊，坐着三步露營車，用一百三十天穿越了十七個國家，走了五萬多公里路。不同人會加入不同的路段，當然也有一部分人因各種原因提早離去。我很幸運地獲得他們的全額資助，加入他們在中國部份的最後路段。

山區的小朋友往往沒有接觸藝術的機會，我們到訪不同的地方作歌唱表演，透過藝術石頭、派發口琴、畫畫工具去連結山區的小朋友，也邀請了世界口琴冠軍作日後的延伸活動。

第一站是和孤兒院合作的一個音樂表演，它不是一個一般的孤兒院，而是在大概十年前的玉樹地震，父母傷亡的小孩。一個好心人在偏遠地區開設了孤兒院，收留了這班小孩，同時教導他們跳舞。我們則邀請他們和我們在北京一個大型商場中表演。表演完畢後和他們聊天，他們說最開心的是能夠在北京逛商場，平日我習以為常的東西對他們來說原來是奢侈。

時間不早，我們旋即展開下段旅程，準備前往山西省太原市，出發前突然發覺其中一輛露營車失靈，我們立即前往修車場，但車子返魂乏術，唯有租另一輛小車，然後把露營車遺下來，亦因為這樣我們無法繼續全體在露營車上過夜，所以及後的行程也唯有租旅館。

一天一旅館，從前有人當旅館是旅遊極重要的一部分，現在對於我來說只是一個休息站，甚至連旅館的洗手間在哪都不知道，便走進下一家旅館了，甚至都是臨到埗前十五分鐘才在網上訂的旅館。對我來說，酒店的概念好像回歸了古代絲路上的「商隊驛站」（Caravanserai）。酒店，跟其他過渡空間一樣，都是充滿矛盾的地方。酒店既要像「家」，盡量做到「賓至如歸」，又不可能是「家」，要與「家」保持距離，才能讓人體驗「出世而入世」精神，才能扮演避世的角色。只要花得起錢，人人都能入住，同時又充滿階級意識。

在修車場耗時大概一天，唯有急起直追行程。我們走的是崎嶇的山路，就是為了在沿途可以派發物資給山區小孩。

坐車坐足一整天是我們的日常，動輒便八百多公里，雖然最辛苦的是司機，但坐著的我們也不輕鬆，既不能休息，也不好休息。一行十人，大家也算相處了算一個月的時日，大家早已熟絡，車上搖搖晃晃、難捱的日子，脾氣總是毫不保留地發洩在團友的身上。

那天晚上，我們終於趕及到達陝西省延安。看到一片黃土，就能感受到當中的歷史氣息。延安是國家歷史文化名城，一九三五年紅軍長征到達陝北後，延安成為中華蘇維埃共和國的首都。

故此我們選擇了入住延安歷史建築——窯洞。由於黃土高原比較缺乏木、石等建築材料和燒磚、瓦所需的燃料，但有質地細密的黃土層。窯洞特別是土窯充分利用了這一情況。外部的土層有利於室內恆溫和隔音。下面是實地的地板

▲如時光隧道的防空洞。

可以大量承重。易燃材料不多因而火災不易傳播，而且造屋成本低。

缺點是只能單層建築，不耐雨淋，內部容易潮濕。而且室內光線、透氣比較差。如果地震來臨，容易倒塌，如發生在一五五六年中國陝西的嘉靖大地震。

窯洞的特點是頂上覆土，內部下面方型上面拱型（應天圓地方之說）。多數後面比前面稍窄，呈喇叭形。一般單間窯洞寬四米左右，前面有木結構、帶門和格子窗的外壁。內部牆面上抹泥、熟石灰或摻石灰的泥。窯洞前的地面平整後，在周圍圍以土牆。

然而，我後來才察覺不應該事前做好資料搜集。該窯洞曾經用作革命用途、也曾在地震中損毀，我還未下車就已經有一點害怕。那天深夜我們才到步，一下車抬頭只見一個陰森的山頭，半月形的設計有點想猶太大屠殺的毒氣倉。加上，酒店以紅燈籠作裝飾，神秘的感覺嚇得我不夠膽關燈睡覺。大抵旅行之所以叫作歷練，就是因為有太多太多事都要硬著頭皮去走，然後就撐過了一晚，便覺得沒有什麼大不了。

大概在一百年前，有個著名的美國記者 - 埃德加・斯諾，寫了一本有名的書 -《西行漫記》（初版時的書名是《Red Star Over China 紅星照耀中國》）。

這次我隨團來到了延安，也不忘走進了當時的防空洞和兒童保育所。講者在述說著以前戰亂的日子，他為了答謝當時的兒童保育所館長，長大後便將防空洞改建為博物館，也同時答謝美國的斯諾。那時我以為斯諾應該為中美關係貢獻很大，於是再待回到香港後上網再查看，卻又看到另一番景象。

他的《西行漫記》被批評是全面接受了當時政府的宣傳而沒有進行盡責調查，獨立查證。而在寫這本書的過程中，埃德加·斯諾其實從未到過延安。有研究者認為，《西行漫記》應算埃德加和海倫兩人合作，兩次西行的產物。在他的筆下，三十年代的延安雖然貧窮，但朝氣蓬勃，實行民主制度。在他的影響下，大批西方左翼知識分子都願意奔赴延安。從他死後每隔幾年政府就舉辦一次「斯諾研討會」（到二零一八年時已經舉辦了十八屆）。

歷史總是沒有確切正負之分，真相如何我也沒有可能完全知道。只是我找到了自己認識景點的方法，先不要到網上蒐集太多資料，用心、張開眼睛的首次去感受那地方，離開後，便再查看地方的資訊，才能夠真正立體了解。

然後我們來到寶塔山，有幸有當地官員的接待，我們的車輛直接駛進寶塔山的山腰，免卻了從山腳慢慢走上山的那段路。但也可能是因為路途不是那麼艱辛，寶塔山上的風景我絲毫也記不起。或者真的要經歷過什麼，風景才有它的意義。

然後我們到附近的餐廳用膳，我發覺在延安這個比較保守的地方，他們堅持要有剩菜的概念。即使你肚子很餓，有不能把菜吃光，有剩菜是對客人的尊重。對我這個客人而言，打菜吃光反而是對主人家的不尊重。我總是覺得我們打着慈善團體的旗號，一邊探訪留守兒童，另一邊卻不得不有剩菜，這樣的反差讓我覺得不是味兒。然而入鄉隨俗，我也不能多說。

那天晚上，因為要答謝招呼我們的當地人，他們舉辦了一個酒宴。五十多度的雙蒸酒放在我們的面前，我的樣子看上去年輕，身旁的團友就說我還沒夠十八歲，其他團員就借故把酒倒去，或者悄悄地加其他飲料，只有我的室友本著對主人家的專重，堅持誠實的喝酒。喝了近半小時，主人家早就發現其他團友根本不是在喝酒，便板起臉來，說是酒品看人品。其他團友慢慢離去，只剩我的室友繼續努力喝。坦白說，我真的很討厭這種敬酒的禮儀，用酒精濃度來定奪對別人的尊重，這是何等奇怪的價值觀。不論如何，當天晚上我的室友一邊對着馬桶嘔吐，一邊滿嘴不停說對不起，然後混混沌沌就睡着了。我拿了塊熱毛巾，還真的替他心痛。次日，我問他為什麼要硬喝酒，他說，別人接待我們不是理所當然，的確這個文化很自私，但我們這個謙卑的存在，只能夠入鄉隨俗。入鄉隨俗，我往往沒有想太多，覺得本着尊重的心態就可以，我沒有想過原來這四個字的尺度是可以去到這麼大的。到底要把自己放到什麼高度呢？的確是每一位旅者應該思考的問題。

酒醒過後，行程繼續。我們慢慢走到高原地區，幸好，是高原，大條道理不用喝酒。

我們走近山區用膳，離開的時候把對講機遺下了。有時候我們離開快半個小時了，那個職員仍然立馬沿着我們離開的方向，駕車前進，收到信號後，立馬用對講機聯絡我們。坦白說他駕駛的時間，可能比他煮飯的時間還要久，他大可當看不到直接收下對講機，但他選擇了還給我們。或者是山區的關係，我還真的不用以城市的尺子去量度人，他的舉動讓我感受到幾分人情味。

經過十多個小時的車程，我們來到紅軍溝稍作休息，歇息一個晚上，順道遊覽一下，再繼續往山區出發。紅軍溝，顧名思義，這是當年紅軍東征的地方。由於人生路不熟，地圖也沒有清楚列明，山路溶溶爛爛，要經過七道拐，顧名思義，就是七個大彎路，路上沒有任何指示，我們有點不知所措。加上，以前很多人在山上採天馬等貴重藥材，但都死於雪崩，至此越來越少人上山，我們毫無登雪山經驗，自然不敢胡亂冒險。山區的職員人很好，她主動免費作導遊帶我們到紅軍溝的頂部看看。明明是八月，但一上山天氣凍得很，山水都是冰水，車子越駛越上，石頭慢慢變為紅色，原來是因為該山的含氧量影響，令到這裏的石頭會變為紅色，她們說若果你把石頭拿下山，它只會變為一塊普通的石頭。

過了幾天，我們來到畢棚溝，同樣是極級美麗的雪山景。山景有多澎湃我難以用文字形容，大抵需要親身經歷才能明白。她們說冬天和夏天的畢棚溝是完全不同的景色，兩者都美得叫人嘆為觀止，我還清晰的記得我回答導遊說，下年冬天的時候我一定會再來一次。三年後的今天，我寫著這篇遊記，諷刺地發覺自己沒有兌現承諾。很多時以為自己能夠再次經歷的風景，都沒有第二次，即使你真的可以重臨舊地，物是人非，再次到達同一地方都不會是一樣的光景，所以那一次就要好好珍惜。

車子越走越高，氣溫也越來越低，身體開始出現各種各樣的反應。大頭蝦的我終究決定要買件羽絨補一補暖，就這樣花了我近三百多人民幣。除此之外，那天食完晚飯，我便滿面通紅，感覺有點像發燒似的，然後很睏很睏就睡着了。那天半夜我睡醒了，旁邊的室友也同樣因為氧氣的問題睡醒了，朦朧間只記得他遞給我氧氣樽，我好好吸了一口又睡著了。

▲大大小小的紅屋子組成了五明佛學院

然後第二天又越走越高，我們來到了色達，海拔大概四千米，還要走大概幾公里路上山，方能坐當地巴士進入禁區，以便到訪五明佛學院的山頂。

特別一提，進入色達還是最好有有經驗的人或者當地人帶領，更不好自行駕車前往。因為色達宗教色彩極重，政府擔心自治州與它國宗教結合，或有意獨立等各種潛在問題，一但發生則不易管控，故禁止外賓進入並設立多個查哨關卡以及查驗身份機制。

好不容易行到巴士站，我上氣不接下

氣，還好有沒有到頭暈的地步，只是很想睡覺，就這樣坐在巴士隊旁邊的石壆就睡着了，幸好同行有人照顧着我，否則我就一直這樣睡到天黑了。

正當我還猶豫要不要吸一下氧氣的時候，我們有經驗的團友告訴我，用太多氧氣容易產生依賴的情況，只會繼續想要更多的氧氣，最好的方法是用葡萄糖注射液，當然用針筒注射有點麻煩，所以他們直接在淘寶訂購了大量葡萄糖注射液，但不用針筒，直接剪開，然後慢慢喝下葡萄糖，記得要慢慢喝，否則操之過急，心跳又變得太快。這是最簡單、最便宜、最安全去暫時解決高山反應的方法。特別一提，在高原的大忌是洗頭，否則頭痛纏身，高山反應亦會倍加嚴重。

終究爬上了五明佛學院的山頂，抬頭一看，一片褐紅色的房子美得讓人屏息，但腳下總是有陣異味。

五明佛學院位於四川和西藏的附近，因以佛教「五明」為主要課程而得名，屬藏傳佛教寧瑪派，是世界上最大的藏傳佛學院。而色達，在藏語中代表出經的地方，意即為取經之處。學法者在山坡上自行搭建的大量木棚屋，常統一粉刷成具有神聖含義的褐紅色，超萬間紅房子綿延數公里，成為一道獨特的景觀。但由於僧尼自發修建的紅房子沿山坡逐漸上山頂，最高處坡度已近四十五度，曾經就發生垮塌、火災等等問題，而且僧舍區垃圾隨意堆放，廁所髒亂。

一開始我並不明白出家人為甚麼要委身來到這個危險又骯髒的地方下腳。但看久了山，我好像明白了那份自然而來的力量。那片山嶺，很遼闊很舒坦，好像就是微軟的那張封面圖。及後，在地圖上我總是搜索不了佛學院的確實位置，就像是個虛無的存在。彷佛在這裡就能看見永恆，我好像明白了出家人為甚麼會選擇這裡落腳。看著這片無際的土地，甚至會想，死在那裏也不錯；甚至會想，不如就去那片山嶺找間小屋隱世。

沿路走上來有很多很多出家人，每當我們舉起鏡頭，都發覺他們會避開。和他們聊聊天，才知道原來他們有潛規則，希望盡量不要出現在社交媒體上。聊了一會，他卻又友善地和我們合照，就這樣我們邊聊天邊走下山。

其實那個時候我們還掙扎要不要到佛學院山頂的旅館留宿，畢竟喇榮賓館算是登佛學院者的必經之地，在那裏留宿一天然後看看日出可能又會有另一番體會。但始終考慮到這趟我們以慈善為主，加上成員體力問題，若果又在海拔四千米的高原過夜，高反問題可能更加嚴重，於是我們便決定了下山。

就快到山腳的時候，我們看見了一個小孩，他把山水遞給我們喝，山水清清甜甜，很解渴。就這樣，這杯友善的山水便總結了我們在五明佛學院的一切。

有些地方，你到過一次，心總是會有個空位惦記著，兩年後在區家麟的一篇報導中，得悉佛學院宿舍遭強行拆毀的新聞。他提到一套色達變色的 NHK 紀錄片：西藏優化工程。那紀錄片追蹤三年，罕見記下了幾年來佛學院的變遷及遭趕走僧人的生活。他的文字是這樣的：如果拆遷純粹因為官方所講「消除火災隱患」，又為何要趕走資深的僧人？其實就正同天朝一貫的管治哲學：不要有想法的人，只留下忠誠或愚鈍的人，為自己服務，優汰劣勝，服從者生存。留下的僧侶，無力對抗強權，沒有選擇，只能隨緣、不爭、不執；他們逆來順受說：「出家人不能說話」、「忍耐」、「忍」；有人念佛偈：「聚際必散，高際必墮、生際必死」，即是有聚就有散，有生就有死，無常，無所謂。人善被人欺，此乃定律，絕非無常。當天可憐的僧侶，誰知我們都是天涯淪落人。

五明佛學院旁邊就是色達天葬場。以前西藏的天葬場亦會開放給遊客參觀，但隨着旅客越來越多，西藏政府決定不再開放給旅客觀看天葬過程，色達就成為了全中國唯一會開放給遊客觀看的天葬場。

得悉會看天葬，坦白說，我有點想退縮。畢竟這些血腥的場面，我真的沒有面對過，但我想，旅遊就算是個學習的旅程。這或許是一生人一次、踏出安舒區的機會。

一步進天葬場範圍，一股淡淡的腐屍味撲面而來，然後一個骷髏頭建築物映入眼簾，令人不寒而慄。要登上天葬台，首先要經過重重樓梯，繞過整個天葬場，我再走前些，有個圓形大架，上面掛住前人的頭髮，然後又個醒世牌，一切都在預告著一場腥風血雨。我和同行的團友找了個在看台旁的位置坐下，慢慢人越來越多，太陽也將近最高的位置，禿鷹們認定了進食的時間，也慢慢飛近平台。禿鷹體型巨大，張開翅膀的話，大概相等於一個人的高度。由於天葬台和看台十分靠近，牠們每次降落，我都嚇得魂不附體。

誰知，經歷的和我想像的截然不同。

在旁的當地人則說，禿鷹有靈性，覓食時懂得看時間、看天葬師的指示，同時亦懂得辨別死人和活人，並不會靠近活人。

再過一會兒，家屬慢慢將屍體搬上山。沒有所謂的棺木，屍體只是綁在被子裡，騎著摩托車運上天葬場。一個不小心，屍身掉在地上，又坦然的放好，繼續走下去。到達天葬場後，會由背屍人或者家屬將屍體送往天葬台，繞著平台走幾個圈，背屍人和送葬者均不得回頭看。天葬師將屍體放於天葬台上，將遺體骨肉剝離，較厚的肉進行切除，再用石頭將骨頭砸碎，將屍體分解以便禿鷹啄食。

藏傳佛教認為：天葬符合釋迦牟尼所說的「割肉餵虎」精神，死者的靈魂可隨禿鷹昇天，並回歸自然生態。假設生前食用過多的藥物，在生後便不會選擇天葬儀式，以表尊敬。同時，若果是死於中毒或者愛滋病等，都不允許天葬，所以對於他們來說能夠天葬是一種榮耀，對於家人來說，為死去的家人天葬是一份使命。就這樣，閘門打開，一群禿鷹一湧而上，淹沒了屍體。

我本以為對一個剛十八歲的人說死亡，我根本不會體會到甚麼。的確，在那當下，是的，我的注意力放在眼球上，並沒有用心去感受、用腦去共感，一味只是想用力將眼前一切看清、記低。反之，下山那時重整過程，便覺得一切好像一場夢。

整個過程沒有聽到任何一句哭聲，各人的眼神都流露出對生命的一份處之泰然和平靜。我慢慢發覺，我眼中的血腥，其實是一種自然和解脫。在布拉格的人骨教堂，你或者會從中感受到歷史的殘酷和生命的莊嚴，但這裡卻又反其道而行。原來死亡不一定的恐怖、悲傷，它只不過是個句號。城市人以死亡為忌諱，藏族人則赤裸裸面對，直接強迫我這個迴避型人格的城市人面對問題。對於一個十八歲的人來說，死亡好像太遠，但見過那十幾歲的小孩屍體，頓然覺

▲終日躲在車子裡，好不容易下車拍下這條彩虹。

得一切都可以很近，或者是一會下山一個不留神，就可以客死異鄉。看上去好像很重大，其實只不過如一塊樹葉墜地。

這些骸骨，本來都屬於一個個有生命的人，他們分別都有自己的故事。但在這裏，千百年來早已不分你我，互相交融在一起了。不論貧富，國籍，年齡，身份；過世後，留下的就一副骨，放在一起，誰的腳、誰的手都分不清了。一切名利，金錢，在死亡面前是多麼軟弱無力，最後也復歸於無。

及後，我聽見有人投訴其他旅者吵鬧、又拍攝等等。的確，是有人不合作，但我反倒認為，最重要是在於自己內心專注、平靜。你專注在這場生命的告別式，旁邊的世俗瑣事你便不會聽到了。反之，這份投訴會不會反過來打擾你自己呢？

過了幾年，再看看新聞，天葬場已經變得像個主題樂園般，還好當初鼓起勇氣，感受過那份生死的重量。當地政府以扶貧為由，搬遷放牛放羊的遊牧藏民集中到路邊的新村居住，新一代的孩子接受漢化教育，學普通話，連天葬過程也加入普通話導賞；牲畜有價，叫藏民到小鎮定居等同徹底改變他們傳統的生活方式。有喇嘛想教小孩藏語，保存西藏文化，只是杯水車薪，最後還被趕離住處。

行程繼續，上車一坐，又是十多個小時的過山車之旅。由於是慈善活動，我們和香港的公益電視合作，定期與香港人分享我們的旅程。到了直播時間，我們卻仍然在山間、隧道穿梭，唯有尷尷尬尬在跌蕩裡分享這半個月來的經歷。這才發覺分享是一個很重要的過程，就在我現在透過文字，那時候透過言語，重塑一次自己整個經歷，整頓一下自己學到的東西。往往時間太快，無暇沉澱，趕到旅館便急忙睡覺，然後明天一大清早又起來，追趕行程，即使自己有時候在內心反思，思緒都是細碎的、雜亂的。唯有在與人分享的過程中，你的腦袋自然幫你整理了一次，所以說與人分享，其實是與自己坦誠。另一方面，過了三年再看那時候的分享，又有另一番的味道。那時候的感受和反思，只有在十八歲的我能夠說出，不是特別成熟，但是最真誠，這是一個對自己過程的印證。我很清楚知道。過了十年，我無辦法再寫出這樣的文字，說出這樣的說話。這是錄音和文字凝結時間的魔法。

日子久了，天天坐在同一輛車子裏，加上舟車勞頓，難免有脾氣。隨行導演、司機每隔幾天便會爆發一次，例如曾經就選那一間酒店吵架、走高速還是走山路吵架、吃晚飯遲了出來吵架、拍片花了太多時間而吵架。坦白說，我這個十八歲的黃毛小子真的沒有資格說什麼。只是我覺得不要把人想像得太好，也不要把人想像得太差，大家都只是一個普通人。能夠有衝突，因為大家都着緊，是因為大家都願意坦誠，只是在處理衝突的過程中，有些人會做錯了，但不要緊，我們都是在旅程中成長的人。

而每當有人吵架的時候，我和室友往往都在洗車。車子每走一百公里，車身都會深了一個灰度，厚厚的塵幾乎蓋過了玻璃，加上我們有三架車子，每次一有水管的地方，我們都會抓緊時間洗車。與此同時，這是一個讓自己平靜下來的機會，不用思考太多，專注做一個重複的動作，我大抵明白了工廠工人工作的意義。

臨近尾聲，我們來到雲南和四川的交界——瀘沽湖。

我想，四川和雲南省之所以如此歎為觀止，往往在於空。本以為自己喜歡看豐富的景點，最好有水、有山、有雪、有動物，但此行發覺往往最讓人感動的風景是海、是天，一望無際，原來是那麼難能可貴。在香港這個石屎森林，舉頭只有大廈中狹窄的縫隙中能透出些少天空的藍。人拼命去創造、去勞動，才發覺自己最渴求的是甚麼也沒有。

瀘沽湖有如仙境般，恰到好處的，沒有什麼花巧。就這樣，簡單的欣賞著太陽慢慢溶化在水平線上，啊，不，天海一色得你難以看清水平線。

入夜了，潮漲得驚人，整個小島好像要被淹沒了，卻又添幾分浪漫的感覺。

吃過當地蒸氣鍋，我們到了女兒村參加摩梭族的篝火晚會。

在篝火晚會的場地，擺放著一堆木柴，以生火照明，有點像我們的迎新營營火。隨著青年人會手牽手圍圈，隨著笛子的節奏跳出傳統舞蹈，叫叫口號。不要以為他們只唱那些古老的民歌，對面的女孩看過來等等一些流行曲都在他們的歌單上。

其實，篝火晚會是一個每青年男女們相交認識的好機會。此時，準備向女方求愛之小伙子會很快插進舞圈，插進自己意中姑娘旁邊，與她手拉手跳舞。然後，透過跳舞時在對方的手心打圈圈示好；如姑娘沒有反應，便裝作專心跳舞，也表示姑娘已拒絕求愛。如果找到意技意合的，待舞會散場後，晚上就可到女方家走婚了。他們房屋的設計更是特地為男方在外邊攀進來而特地加建陽台。雖然現時摩梭人大多已經漢化，沒有太多人維持走婚的習俗，但篝火晚會仍然保留，算是對走婚文化的一份紀念。

最後有一個讓嘉賓點歌的環節，我們一行人膽粗粗的走了上去，拿了麥克風，用廣東話唱了首海闊天空。哈哈，回想起來還真的是挺醜的，不少團員還五音不全。但大抵旅行就像一次不顧身邊人看法的契機，讓五十多歲的團員青春一次。這些時候，就不需要顧慮、計算太多，留一點瘋癲、青春的回憶，讓他日營營役役的時候回想今天的時日，能夠是一份安慰。

▲探訪四川留守兒童

為自己服務的義旅

國際義工服務中是打着為別人服務的旗幟，然而說穿了，其實為的是自己。

在歐洲當過了形形式式的海外義工，才明白到作為一個外邦人可以幫到的不多。當地本身資源並不貧乏，環境保護、籌劃活動、教育工作，其實當地人更得心應手，加上又要麻煩當地人協助翻譯、適應、安排住宿等等各樣工作。更不用談很多因為義工服務而產生的經濟貿易，如讓你建屋後把他拆毀，讓下一班義工有事可做，如山區小朋友不上學不做工，留在中心聽你又重覆教一次ABC。有時候與其出外服務，倒不如驀然回首，值得你花時間付出的人可能就在燈火闌珊處，你所付出的成本效益或許更高。

的確，外地有很多需要幫助的人，但比起發達國家，真真正正落後的地方才應是我們的目的地。單單捐款，善款八九不離十最終不了了之，故有實地考察之必要。所以說，義工服務必須極其仔細安排否則大半都好心做壞事，幫倒忙。

我歸來後反覆問自己，我走去當義工是為了什麼？口講是為了助人，說到底是為幫助別人而獲得自我感覺良好的滿足感。那說得響亮的文化交流，說穿了，是為了自己的人生閱歷，順道增廣見聞，為了讓自己從中積累起做人處事的老練。我愣住了，然而，其實這也無不妥，各人各取所需，這是世界運轉的法則，不必一定幫上什麼大忙。反而把心態一轉，不以助人為最大目標，自己反而看得開。

▲車子從上方道路墜落至下方沙路。

那是不是代表完全撇棄助人這個目的呢？不。就像拾貝殼一樣，貝殼數之不盡，根本沒有拾完的一天，也要本著「執到幾多得幾多」的態度繼續堅持。在你眼中，它是千千萬萬中不起眼的一個小貝殼，在它眼中，你是拾起它的唯一。

在你眼中的營營役役、千遍一律，可能是別人眼中唯一的轉淚點。助人的道理如是，重重覆覆的工作道理也如是。

還好，最後一程到訪雲南總算讓我見證自己這趟旅程達成助人意義。在旅途一開始，我們都集中在一些重點小學、中學，不是不好，但總是覺得他們不是最需要的一群人。學校都安排他們穿上亮麗的校服，不算寬趟的課室，但總算乾淨、整潔。於是在雲南段，我們明明可以選擇走高速公路，但我們為了接觸更多山區兒童而選擇了山路。山路崎嶇，路上碎石多不勝數，不時有動物擋路，更加試過塞了五個小時，只因前方發生車禍，整輛車子飛到路邊。路上不時有幽默的路牌：請小心駕駛，醫院很遠、前面飛石路段，超速駕駛前請先告訴家人你的銀行號碼。去到山路中段，我們的車子更加因為飛石而撞破油箱，十分驚險，甚至隨時有爆炸的可能。終於來到山區，我們被誤以為是人販子，解釋了好一會兒才讓對方放下戒心，接受我們的物資、讓我們做個簡單的家訪。

▲派發物資予雲南留守兒童

令我印象最深刻的是雲南的一戶，村子小得很，我已經很努力的找回當時的定位，但始終訊號不準，到現在我還沒有確切的位置。

那家人見有客人來到，歡歡喜喜把家中唯一一頭豬給殺了。坦白說，一開始我不太喜歡這種的義工服務，因為我覺得我們只是給了一些簡單物資，人家卻刻意為你殺頭豬，倒過來好像是我在麻煩人家。

我清楚記得那頭豬並沒有加入任何調味，另一道菜就是土豆絲，就這樣簡單的，連筷子也沒有，我坐在小板凳，一群人圍著一個大鐵碗，然後隻手拿著熱燙燙的豬肉放進口裡。肉帶點腥味，汁很多，味不濃，但人情味很濃。

村民和我們說著民族的歷史，說他們是條多民族的村落，總共有六個民族，之前民族與民族之間互有磨擦，到大家學會和平相處之道的時候，卻要共同面對一貧如洗的狀況。

我見大家都聊得鑾坦誠，便老實的問：我們這樣是不是打擾了你們的生活？很對不起。

他卻坦然的回答說，他最希望的並不是這些物資，而是一段關係，這並沒有主次之分。另一方面，他希望我們用文字、用口，將這處地方的美告訴外面的人。由於這些真正有需要的村落往往位置偏僻，慈善團體鮮有會冒險探訪，導致山腳小學義教泛濫，山腰農村無人問津的情況出現。他希望更多人看見雲南的美和雲南的需要，更多旅客的話，他們就可以像瀘沽湖一樣有更多就業機會；更多義工的話，他們的生活水平或者能夠改善。

　　就正正因為他的這句話，令我萌生了寫書的念頭。有時候，一句說話的能量可以很大，把快要對義工服務失望的我拉了上來，就這樣繼續餘下的旅途。

　　一個多禮拜後，大家一邊為我慶祝十九歲生日，一邊歡送我離開。我獨個兒坐上昆明飛往深圳的航班，正式與這四個半月的旅程說再見。

#11
雙城對倒

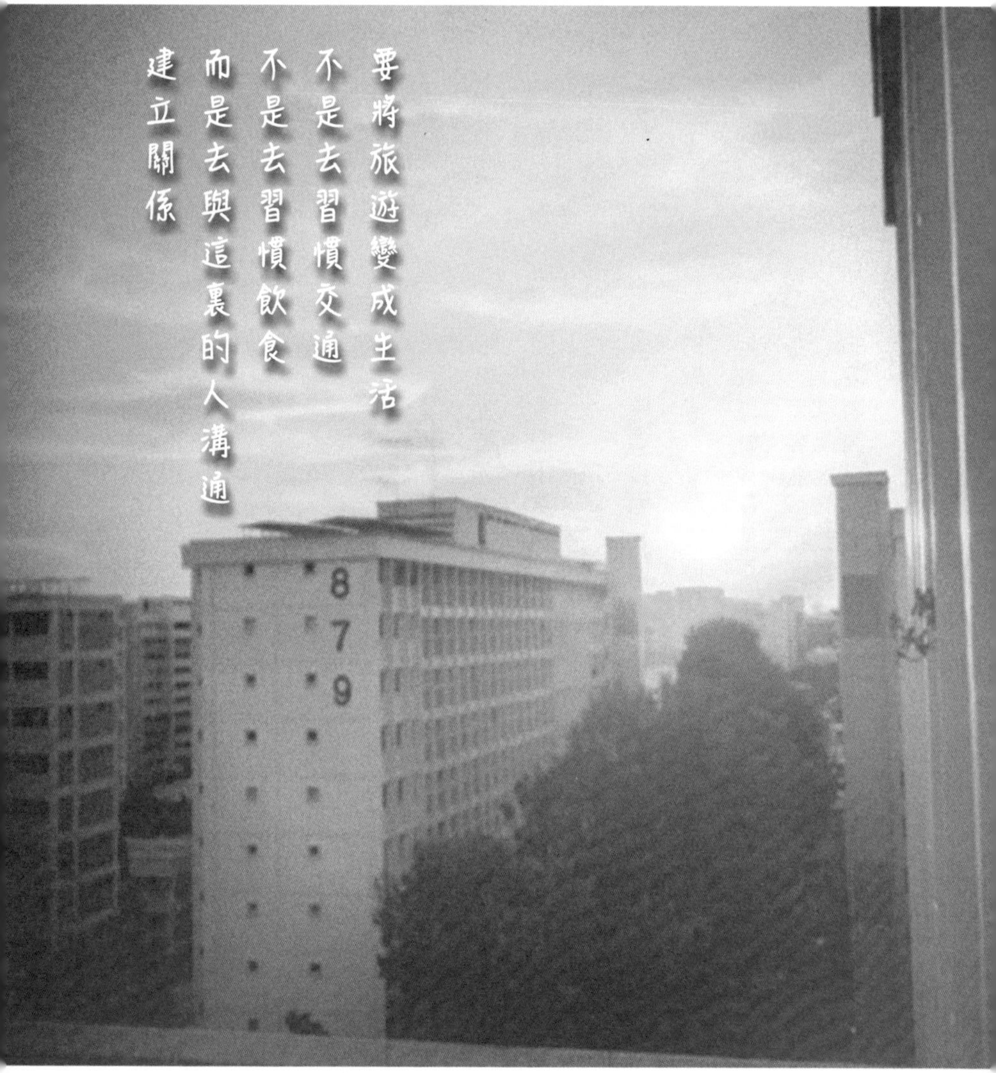
要將旅遊變成生活
不是去習慣交通
不是去習慣飲食
而是去與這裏的人溝通
建立關係

第十一章 雙城對倒

太著緊這片土地，寄予了向好的厚望，才會有此分歧。

羨慕與妒忌

城外的人想衝進去，城裡的人想逃出來。

在香港休息了三個多月，期間收到了新加坡國立大學的交流機會。就這樣，展開了漂泊不定的二零一九年。

甫進香港移民首選地——新加坡，坦白說，雖然相隔四個多小時機程的距離，但感覺好像原地下機。和中環沒有太大差別的商業區；和維多利亞港沒有太大差別的濱海灣；和大牌檔沒有太大差別的小販中心。這是歷史遺留下來的淵源，兩地同樣是英屬殖民地、豆腕大小的小港灣、亞洲四小龍之一，自然成為了天生的對比者。

只是在獅城的日子久了些，發現香港的三文兩語廣播變為了四語廣播、香港國際機場光鮮了一點變為新加坡樟宜機場、香港住不下的公屋變為了有空置的新加坡公屋、海洋公園變大了點變成聖淘沙、港大中大變厲害了點成了新加坡國立大學和南洋理工大學、香港特別行政區變成了新加坡自我管理的地方。的確，新加坡好像是香港人夢寐以求的未來。

我們總是覺得別人的葡萄比較甜，地方如此，人生亦如是，退一步想，而別人又何嘗不是呢？新加坡的朋友說是羨慕香港娛樂多、羨慕香港人可以真真正正擁有房子和車子（新加坡對車、房擁有期限規定極高）、羨慕香港有中國的聯繫。我們到底是不是相形見絀、妄自菲薄？

好些年前，一本名為雙城對倒——新加坡模式與香港未來的書出版了，當中談及更多互相的羨慕甚至嫉妒的細節。到底新加坡模式套用在香港未來可不可取終究沒有確切答案，我想，只是大家都太愛、太著緊這片土地，寄予了向好的厚望，才會有此分歧。

輪迴與出走

特別一提新加坡有名的動物園園區，我從來不是動物園的常客，唯獨那次獲得了張免費的門票，窮游的我也就當是體會各國動物園文化，就甫進了新加坡有名的動物園園區。誰知，進了園區，活生生的動物並沒有吸引我的眼球，反倒是那些在網上也能搜到的詳細資料抓住了我的眼球。或許是我總覺得困在籠子裡的感覺不好受，付錢看人家被折磨，自己也就不好受。早些時日看了林日曦的書，有幾句隱喻正好有些相似。他說：人比動物幸運一點，但也就一點。動物困在籠子裡，每天兜圈，如西西佛斯似的輪迴。我們雖走出了籠子，卻都是因種種原因在某些地方不停流連、重臨。我不是個悲觀主義者，唯盼在這個輪迴在我眼中是個華麗的摩天輪，唯盼偶爾下車可以出走一回，然後再登上摩天輪，便足矣。

後來，機緣巧合下獲得了當地實習的機會，又乘機了解一下當地人工作的風氣。

新加坡人大多會說多種語言，英、中、馬來西亞、印度等等都能夠聽懂，甚至廣東話、海南話、福建話都能夠溝通，做就了他們在國際合作上很大的優勢。他們做事很有原則，總是要按部就班，外人看來，有時會覺得他們固執，但也可能是因為他們的堅持，才讓一切規範化。的確，令我這個香港人鑾羡慕。

因為學期結束而要搬走宿舍的關係，我急忙的在當地的租屋網找尋適合的居住地，以便實習的時候有地方住。旁邊的朋友一聽，立馬邀請我到她家住一個月。

她家是典型的新加坡公屋，對香港人來說則是豪宅，三房兩廳兩個洗手間，重點是只有一個人住，屋村後方更有大花園。她很好客的給我搬床架、帶我去吃小販中心的美食，讓我完全融入新加坡人的生活。要將旅遊變成生活，不是去習慣交通，不是去習慣飲食，而是去與這裏的人溝通、建立關係。

實習過後，很好運的能夠跟隨國立大學排球隊到昆明比賽，就這樣，將原本感覺不捨的告別變為對下一程旅途的期待。然後，同樣地以昆明機場作為我旅程的終點。

#12 越難越愛

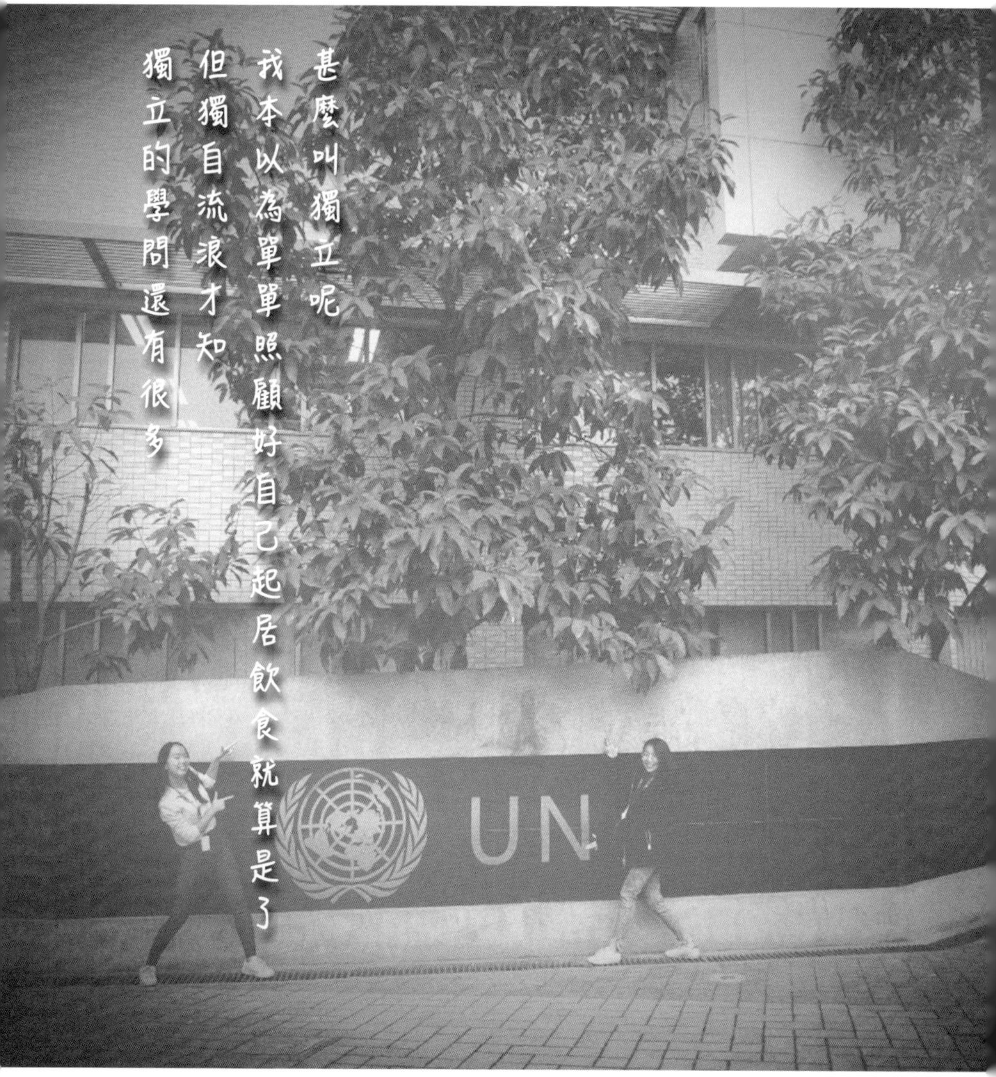

甚麼叫獨立呢
我本以為單單照顧好自己起居飲食就算是了
但獨自流浪才知
獨立的學問還有很多

第十二章
越難越愛

要照顧自己的情緒，不是每次生命給你檸檬的時候都會有人幫你加糖。

生活與旅遊

旅行還在繼續，我獨自一人向遠方走去，夕陽將我的身影拉得斜長。可我，仍在旅行的路上徘徊。

到聯合國工作從來都好像個夢，在民政事務局的資助下，義務工作發展局聯同香港志願者協會及和平發展基金會於舉辦了聯合國志願人員組織香港大學生義工實習計劃。我很幸運地被安排到聯合國位於越南的分部進行為期六個月的義務實習工作。

▲每次參與越南語的會議，總讓只懂皮毛越南話的我感到無地置容，幸好有翻譯員的幫助。

我的工作主要為解決越南愛滋病和青少年的問題，例如出席與世衛的會議、與不同國家的駐越大使探討對愛滋病的支援、做愛滋病資料搜集的報告。青少年方面，則會就國際青年日舉行不同活動、拍攝短片、處理社交媒體的發布等等。

這趟不像去交流，一切都要自己打點，工作簽證、住屋等等繁瑣的事務。外國人居住的屋子要額外繳稅，所以一般的租屋網並不能解決我們的需要，唯有靠Facebook去找屋。當你以為很好運找到了間只需二千、在大使館大街附近的小屋，才發覺洗衣機、吊燈、無線網路失靈，門口有鼠患，但約已簽，也只好硬著頭皮和不懂英語的房東溝通，然後沉著氣把事情弄好。

先和新加坡人工作，然後再把自己淹沒在歐洲人為主、越南人為次的工作環境，真的有點協調不了。越南和歐洲人都很重視工作關係、生活平衡，工作節奏較慢，但並不代表事情沒有效率。

猶記得上班的第一個禮拜，午飯後我提早回到座位，差點絆倒檯下的東西，才發現檯底有雙詭異的腿。原來是有越南同事在午睡，起初我還以為這只是聯合國的傳統，後來經查問才知道原來是所有越南公司都有的習慣，好讓員工在午睡後更加全神貫注在工作中。

好心與壞事

在越南工作期間，有幸到河江市出差。工作的內容主要是籌備當地一個官員和貧困青年的對話活動，河江市作為越南一個偏遠地區（位置在雲南省旁邊），土地貧瘠，青年發展有限，故聯合國特意在國際青年日選址到河江市。我本屬的部門並非負責該項目，只是我的部門也會分發青年員工幫幫忙，原本並沒有資金讓我出差，上司見我們參與度高，便允許了我也參與其中，就這樣成為了我人生第一次出差。坐上十二小時長途車，途中走過山路，經過農民的家，同時經過一個休息站。休息站內有一群殘障人士正在安靜畫畫，他們都是越戰橙劑的受害者，有崎胎、斷手、斷腳等等各樣的問題，由於難以在城市餬口，便來到了偏遠的休息站，每當有旅遊巴經過，旅客就會停下來去去洗手間，順道購買他們的畫作。我順路走過，正看見有個外國婦人在殺價。

隨著航空業成本降低，人們對旅遊有新的追求，令近年旅遊業發展蓬勃，更於日前成為全球三大產業，換句話說，全球每十二人就有一人從事旅遊業。經濟發展背後少不了對社會造成影響。不少人變得為外人而存在、而努力，更有同一化的隱憂。故此，

▼當地交通還在發展當中，當然少不了九曲十三彎的道路。

不少人提倡道德旅遊的概念。顧明思意就是減少殺價、光顧小店、瞭解貼地文化、不給錢街上乞丐、童工。這些規條看似淺易，然而實際上則知易行難，更難以入手。

褚士瑩著的《旅行魂》曾經說過有關殺價的問題。有些規條不單應用在旅遊上，在自己的地方生活也應遵守。

就以殺價為例，道德旅遊守則普遍建議遊客去到落後貧窮地區時，應盡量慷慨，不要因少少價錢的分別而瘋狂殺價。試想想，價格的差異對較富裕的遊客來說可能微不足道，但對目的地原住民卻是生活的基本財政來源。

有些旅客總喜歡殺價。很奇怪，去到富裕國家，光顧高級場所，貨品無論定價多高，即使心裡覺得多麼不合理，都會默默接受。但一去到貧窮地方，就會覺得殺價是必然的。無論貨品價值是高是低，開價是否合理，總之就要開天殺價。明明貨品質素很高，明明自己非常喜歡，為了砍價，不是挑剔貨品，就是扮作不夠喜歡。有些人會把殺價當成逛街的娛樂，甚至比賽，視殺價為「談判的藝術」，其實從無想過要購買，殺完一輪價就走開，如果惹怒了賣家，就反怪對方不講好客之道。

因此，根據一般的道德旅遊守則，殺價似乎不太道德，尤其殺價的對象是一般家庭式經營的小店。既然定了價格，喜歡就買，不喜歡就算，不應殺價。

但有沒有想過，世界有些地方，殺價其實是對賣方的基本尊重與禮貌。如果不殺價就買，連交談多句都不屑，不單傲慢，簡直是看不起賣東西的人。

相同的行為，可能因為文化差異與思維模式，不同國家會有不同的潛規則，只有善心，不足以達到道德旅遊的目的。

回程的時候，聯合國安排了一些探訪活動，我們來到一條長滿花的村落。一群兒童背著花籃，嚷著要跟我合照，翻譯告訴我們，可以付錢和他們拍照，正當我身旁的同事打算給錢的時候，上司道：先想清楚，倘若你不支持童工就不要給，你給了，他們的爸媽只會變本加厲。倘若我們花錢和他們合照就會助長童工的歪風，家長以為童工能夠賺錢，於是變本加厲，一直沒有上課的機會。這也提醒了我，好心做壞事，說的可能就我們這幫外邦人，不了解情況，反而容易倒米。從來沒有想過這份同情會被濫用，事情不是一張照片的那樣簡單。旅程完結，我決定還是把義工工作的重心先放回自己居住的社區吧。

在新加坡和越南待了足足一年，從當初沒有腳的小鳥，慢慢學在一個地方中沉澱。這趟是「旅行」不是「旅遊」。「遊」的特色，沒有特定任務，漫無目的，本身就是樂趣。這趟「公幹」，並不是「旅遊」。坦白說，早已沒有了當初出發的那股激動，還好的是，算是仍然保留耐心，從旅行生活中觀察自己。

過了不夠三個月，好像已經把整個河內可以去的地方都去完了，腦海裡不再是要到哪裡體驗甚麼，而是開始努力要在這裡安頓，第一課還是獨立。

甚麼叫獨立呢？我本以為單單照顧好自己的起居飲食就算是了，但獨自流浪才知獨立的學問還有很多。

旅行水土不服乃十常八九，而孤身一人則正正不能容許自己有肚痛的可能。總沒有那麼容易過上平平凡凡的日子，那天，我如常食飯，沒有選擇街邊檔，沒有吃冰的，沒有辣的，卻偏偏肚痛。獨自站在陌生的街角，背著沈重的背包，不知所措。困難總愛找上門來，就算你有再周全的安排，也抵擋不住厄運來叩門。不是凡事都可以靠別人，人生許多課題都是自己解決，旁人最多鼓勵，自己的結還是要自己解。硬著頭皮，再痛也要撐住，因為沒有撐不住的理由。幸好理性蓋過感性，冷靜找到了廁所，先決定眼眉之急。要照顧自己的身體，不是單單把自己餵飽，而是學會在郊區肚痛時，也能安好的獨自前進，這不是與生俱來的能力，而是靠努力慢慢準備好自己的身體，簡單至多吃益生菌，甚至多吃街邊小吃訓練腸胃，最小的、最無聊的事，正是裝備自己的時候，要把運氣和抵抗力變成自己實力的一種。

要照顧自己的情緒，不是每次生命給你檸檬的時候都會有人幫你加糖，而是要學會品嚐酸酸的口感，然後獨自吞下去；要照顧好遠方的別人，不是大條道理，施施然的出走，然後要人心掛，而是努力的活著讓人放心。走過了兩年多，功夫還沒有到家，這看來是一輩子的課。

始終不是發達國家，難免身體容易受不了，我再次面臨肚痛的難題，是次，我趴在家中的地板，動彈不得，終究忍不住叫了救護車。

救護服務真的體驗過一次就夠，那次我才明白到香港的醫療服務並非理所當然。

那天早上好不容易用了十分鐘才打通了電話，然後由於塞車的問題，足足痛了一個小時才看見救護員，還因為我痛得無法開門，終究要把已經上班的鄰居叫來開門。然後待救護員來到的時候，我已經差不多痛完了。然而，救護員不懂英語，唯有致電同事作翻譯，檢查近二十分鐘後便叫我上救護車然後送到鄰近的外國人醫院。最令我無語的事情是，救護員在和我討論救護車的費用，說是因為外國人的關係，收費會比較貴，大概就是二百多塊港幣（一般在河內打車的費用大概是十元港幣），然後救護車並非有如香港的那種車型，它只是一輛看上去簡陋的客貨車。坦白說，這個時候還和我討論救護車的價錢，我還真的有點無奈，加上劇痛了足足兩個小時，我只想躺下休息一會，於是便和他說我暫時不去醫院了。誰知他又補充說，外國人在當地叫上救護車就必須登上當地醫院，否則當我有甚麼事情的時候，他們要負上外交責任，我現在可以不上救護車，但必須要到醫院報到，亦必須要致電救護車主任，和他說我不上救護車，誰知主任又不懂英文，我們又花近十五分鐘討論取消救護車的問題。就這樣我直接叫了的士就到了醫院。五分鐘便到達了，我心裡反覆在問自己為甚麼開初要叫救護車呢。到了醫院，我和醫生說我吃了幾顆必理痛，醫生竟然和我說，他要按例給我一些止痛藥，但是我繼續吃必理痛就好了，因為必理痛的效力比他給我的藥還要強。然後，我為了這六顆比必理痛還要弱的止痛藥付了二千元港幣。

大抵人生就是要多點去一些非英語的國家旅遊，才會明白自己的渺小和無力，然後謙卑的去認清自己並非宇宙中心，同時亦不可能是深山隱士。

獨立算是可以了，下一課就是建立關係。在新加坡的時候，身邊人都是同學，母語是英語，更加有排球、宗教的社團來幫助我融入。然而，在越南，懂英語的少得可憐，可以接觸到的大概也只有公司裡的人，但凡上過班的人都明白，同事終究是同事，很難變成朋友，最後很努力很努力的有幾個最要好的越南朋友。不得不接受的事實是，在越南，他們是我唯一的依靠，但對所以比起新加坡那種落地建立關係，然後慢慢對新加坡有點歸屬感的經歷，越南坦白說有點比下去。

不是每段旅程都是完美，也不是說經驗多，去的旅程就會變得美好。有些旅程使人心累，但也正正因為一些不完美的旅程，讓我學會珍惜快樂的旅途。

#13
離開為了更好的回來

這次旅途的目標達到了 那人生呢？
旅程沒有完結
只是換了另一個方式前行
只是上半段旅途啟蒙了另一個新的方向

第十三章
離開為了更好的回來

一輩子是場修行，短的是旅行，長的是人生。

離開與歸來

到底是離開還是回來？

當過作者的總會有這樣一個問題問自己，究竟這本書能否寫畢？究竟是否真的有出版商願意為我的筆桿注入墨水？究竟人們是否真的感受到我文字的溫度？無可否認，一開始我是抱著胎死腹中的恐懼去寫的。

後來，再次出走我明白到，這本書不是寫給你們的，更重要的是，寫給未來的我。我不喜歡站在道德高地的教化，不想加入太多的修辭去曚糊了當刻思想單純的溫度，只是想給時間一份紀錄和考驗，坦白地、簡單的、不花巧的紀錄這個時代下的自己，十八歲的自己、二零一八的自己。

去新加坡留學的途中，得知香港業主家人置業困難，決定收樓。家人急急四出尋家，不一會兒找到了新屋，就搬了家。整個過程我一直身在異鄉。第一下子敲進我腦海的是，我再沒機會回到那家了，舊時朋友在我家聊心事、玩水的片段頓時直逼瞳孔，把淚珠差點逼出來了。所以，我托家人把舊居每一個角落都拍下一張照片，唯有希望用這些喚醒記憶。原來，忘記真的太可怕，我希望把生活的一切都記下來。及後，土氣的我更開始重拾寫日記的習慣。正因爲這是給自己的情書，所以更加要坦然無保留地寫下去。畫面容易忘記，興幸現在有相機；想法比畫面更容易抹去，興幸我還有紙和筆；自己比這一切更易磨滅，迷失了只能靠自己找回來。在這亂世，我提醒自己把此刻的所思所想記底，他日不要成為自己昔日討厭的那個人。

寫書途中我請教過不少老師，其中一位老師說過這樣的一句話，書，不是要刻意寫出別人想不到的東西，乃是要把自己藏在心底的說話坦然道出，別人也會有共鳴，因爲這也是別人心底一直藏著的東西，這樣便足矣。

我沒有你們想像的過得那麼好

對別人坦白並不是想像中的容易，對自己坦白更是難上加難的事，卻是人人必須修的一門課。要坦白自己想追的夢，要坦白自己承受不了的痛，做不到的事，應該是我一輩子的課。在這趟旅程，坦白自己過得不如社交媒體上的那樣好，算是上了個入門課吧。

這次我自己一個人看似自由的體驗了另一種生活，想到哪裏就到那裏，除了每天用 Instagram 上載幾個限時動態、定時做個直播報個平安，基本上不用怎麼和別人交代，也不用遷就任何人安排任何行程；然而卻又是另一份拘束，是因為人生路不熟，不敢進行太多沒有充份準備過的活動，生怕出了亂子，未能應付，亦無人可依靠，因此一切按步就班，變數很少。自由的程度，像是空中的飛鳥，能飛到世界的任何角落，只要有路，就能前往。拘束的程度，有如登月的太空人，燃料計好，時機算好，發射升空，到達指定地點，進行指定操作，整個計劃沒有太多可變動的餘地，亦不能中途退出。

另一方面，思鄉二字，不知在甚麼時候被當成弱點，彷彿是適應的不好，社交的能力不夠，是溫室的小孩才會有的問題，一直覺得旅行一定要過得很好，此亦令我一直逞強，不承認自己其實很想家，其實並沒有過得像大家想的那麼好。

一天，匈牙利鳥叫聲穿過蒙古包，把我喚醒，手機彈出了朋友的短信：有時間聊一聊嗎？你要有心理準備呀。其他隊友仍然呼呼大睡，只要蒙古包關上了門，即使外面陽光明媚，裏面還是伸手不見五指，但我知道我必需儘快接通電話，只好慢慢探一下腳下的虛實，避免踩到熟睡中的隊友，終於出了蒙古包。眼睛還沒有習慣外面刺眼的陽光，便立馬撥出電話。原來是青梅竹馬的好友患癌了，估計是第三期，九秒九就推進了手術室。爲了不讓我擔心，爲了不影響我的行程，即使我出發前她已進醫院一次，她已經有預兆，她還是選擇了不告訴我。我頓時有點生氣，爲什麽偏偏此時我不在香港，氣自己連親口說句早日康復的能力都沒有，爲什麽我成了最後一個得到消息的好友。蓋過這種無力感的是一份擔心，我想起我臨出發前與她的飯聚，那可能是最後一次見她了，我卻不知就裏的興奮。旅途才剛開始一個星期，我要回去嗎？她說她希望收到我去的每一個地方的一張明信片，希望我平安回來。

隊友此時剛剛起床，眼見我異常的早起，眼睛又通紅的，他們走來，我便把事情告訴了他們，他們為我拍了一。雖然沒有什麽實際的幫助，但我們的心都很暖。

禍總不單行，在丹麥的一個懶散的下午，各人都在午睡時，我卻收到媽媽患癌的消息。雖然是良性腫瘤，但我還是想提早返港，然而爸爸卻說回家幫不了忙，反正要等兩個禮拜後的手術，衝動回家反而因機票而加重經濟負擔，何況只剩下一個禮拜，就等一個禮拜後再回來吧。又一次我明白到不可以讓感性過分主宰，情緒來的時候更加提醒自己要理性處事。

有一下子，我埋怨爲何十八年來我都沒有親人患癌，偏偏在我離開香港的四個月，身邊兩個最重要的人都出事了。我想家了。

又一個營營役役的早上，河內的清晨總是在朦朧間帶給你淡淡鄉愁。寫此書的時候正值香港政治運動之春，我身在越南的聯合國分部，但心卻留在香港。有人說，Home is where your heart is。亦有人說，離家久了，就不想回去。事實上，不少人卻是離開香港越長，到訪過越多地方，對香港的歸屬感就越强烈。短短一個月，我就想立馬回家，我從未試過這樣的想家。雖然明知這是愁緒的導火綫，但我還是每天看那令人痛心疾首的新聞。那個屏幕是我和家的唯一一條綫，我只能每天緊緊握著那條綫，卻什麼都做不到。什麼叫想念是會呼吸的痛，這下子明白了。

另一個因素，我想是城市病發作了，令思鄉的我更添愁緒。生於香港這塊彈丸之地，坦白說，我這隻井底之蛙一直以為城市都交通發達，把人口稠密當作理所當然。就算小時候去旅行，選址永遠都是首爾，東京，台北，這些大城市，把商場和地鐵都當成城市的必然。後來，才明白城市在整張世界地圖上只佔那麼一點點。別人口中的城市，彷彿只是多幾家商店罷了，但甚至比西貢還要少。一開始會覺得蠻新鮮，後來待久了，習慣不了緩慢的生活節奏，沒有點到點的交通，街道上總是充斥著電單車的汽油味，更加不用說地鐵，他們根本沒有這個概念，效率根本不在他們的字典上，更遑論衛生和文化共融。這時，選擇只得兩個，你可以選擇站在高地，心底暗暗批評這裡，要不，嘗試融入，改掉城市病，而過程絕對知易行難。

還有種思念或許比思鄉更痛——留戀過去。這是人的天性，我們都總喜歡比較，和別人比較、和自己比較、和過去比較。明明被排山倒海的事項埋沒，卻偏偏想要翻開回憶的盒子，懷念昔日單純的美好，懷念在香港的時光，然後慨嘆：今日我怎麼成這樣了。我多次叮囑自己不要沈溺在過去，但理性卻偏偏敵不過自己的感性。但後來，我不再勸自己了。可以想家、可以懷念以前是一難能可貴的幸福。這代表你建立的關係、努力經歷的日子、深深的感受並沒有隨年月老去，依然清晰刻在心坎裡，在你迷茫時為你打打氣，這一跌讓你看清自己看重的是什麼。這并不代表可以理所當然終日沉淪在思鄉念舊的情緒。在歐洲的最後一個禮拜，我徒步游覽奧斯陸，然而滿腦子都是香港的點點滴滴，沒有好好珍惜最後的日子。倘若明知不能回家，應該做的，是將次轉為動力，繼續努力生活、建立下一段關係。這不是自欺欺人、愚昧的樂觀，而是因為你知道在未來風雨飄搖時，又需要靠你此刻寫下美好的歷史去撐過，因為你選擇相信下一刻會成為你未來最美的憶記。另一方面，既然知道就算再思念都不會立馬回香港，又或者說，回到香港也未必能改變現狀，倒不如好好活在當下，努力過好日子是對愛你的人的一種報答。

我在社交媒體上看上去很開心，但其實有苦自己知。我開始問自己：去旅行一定是開心的嗎，後來看可能是，但當刻往往痛苦為大多數，過程總有十萬個問題要解決。換個角度看，在佛學的道理中，凡追求的過程都是痛苦的。求分是為了甚麼？求好工是為了甚麼？高薪水是為了甚麼？問到底好像只有為快樂才不能再問下去。那我們是自相矛盾嗎？明明想要快樂，卻在追求的過程背道而馳。還是，我終究發覺了生命中有些東西不是為了快樂，而是為了過程中的苦。也正正因為這些苦而令這件事有了意義。

不是旅遊　是生活本質

每當遇到困難的事，我們都總會說撐一撐就過：文憑試撐一撐就過、沒興趣的實習撐一撐就過、迷路時撐一撐就過，慢慢地一波未平，一波又起，好像整個人生都是撐下來的，會不會到最後，生命撐一撐就過呢？

一路蹣跚走來，漸次把新鮮、出走變為日常，說是風不平、浪不靜，卻只是生活中看慣了的潮起潮落。四海為家，還是離鄉別井，只有自己知，也只需要自己知。在去越南前，我告訴自己，這是個特別的旅程，與平常的生活不一樣，會有完結的一天，後來我才漸漸明白，生命是場長途跋涉，地點會變，但生活依舊，不論在那裏都活得開心不是旅遊的哲學，而是生活的哲學。旅途完結，生活依舊，時間依舊飄逝，依舊人來人往，依舊擦肩而過。

旅遊公民創辦人王劍凡說過，旅行的意義是在時、空、人三者互動下產生，現在我的移動空間不過稍微收窄，時、人依舊隨著軌道運行。執筆之時，肺炎肆虐，人人閉門禁足。我不禁回望當初寫下的宏志，反問旅行的本質意義。《論旅行》一書亦曾探討過這個問題，其討論之深度極佳，請容許我將其思考直接轉述：塞內卡認為旅行沒有好處。改變你在地球上的位標並不能將人脫胎換骨，頂多只是用煥然一新的外在環境分散人的注意，暫且放下把自己困得要死的價值觀，姑且喘息，忽略遠方的問題、情緒，凱旋歸來，問題如影隨形，過程有點像暫時的掩耳盜鈴。蘇格拉底認為要得到旅遊的好處就不可以把自己帶在身邊。這些思想或許是來自斯多亞學派（Stoicism），他們認為環境不能改變時，就該改變自身。而另一方面，中國哲學注重玄想，以「形而上」的（Metaphysical）方式「旅遊」，故認為足無需出戶。當然，這些或者只是在你不能出走之時的安慰說話。而西方哲學中的經驗主義，則是從經歷和實踐中獲取知識，同樣有理。

旅遊與人生目標

一輩子是場修行，短的是旅行，長的是人生。

這次旅途的目標達到了，那人生呢？旅程沒有完結，只是換了另一個方式前行，只是上半段旅途啟蒙了另一個新的方向，讓我好好思考大學階段的人生目標。

第一個人生目標是要成為個知識豐富的人，太多無知讓人迷失，讓人看不清眼前一切是非黑白，讓人跌倒，故我不容許自己成為個無知的人。當然，一切有代價，家裡從來不富有，父親偏偏在我進中大一個月後被解雇了一份當了二十年的工作，一個五十多歲的中年男子，要找工作支撐四人生活，絕不容易。故大學合共約十七萬學費，只好靠政府的貸款，還未計海外留學及實習，那些數字都得自己一力承擔。也因這樣，覺得負上重價來到中大讀書，必須吸收知識才不枉花費，當然困難是必然的。

大學之道在明德，我是真的在明德嗎？在課堂上，有人看電影，有人傳訊息，更有人從未見過，我問自己有天會想他們一樣嗎？再看看老師的簡報，老實說，有些課堂的知識好像已經知道，很多是將書中或互聯網的文章搬字過紙，所謂的學習從新角度思考呢？怎麼跟中學沒分別？自己呢，考試，論文排山到海，到底我為分數而活，還是為了學習，我好像也分不清，我是否被這個遊戲規則磨掉初心？要過個對自己有要求的人生，原來，比想像更難。

但難，也不代表不做。

旅途過後，我問自己可否不讀大學，只是自由Sit堂，不用追GPA，但停一停，原來自己不是活在一個人的世界，可以自私到不要沙紙，不顧家人走出社會當份薪水低微的工作嗎？可以不顧社會的眼光，徹底遺世而獨立嗎？可以放棄別人的認同，獨自承受這份恐懼嗎？大抵我還是個在社會上一個可笑又可悲的懦夫。

旅途過後，我問自己是不是對大學的學習有誤解？有人說，課本上只有5%真正在職場上游有用，真正的教育在於當你把所有課本的知識都忘了以後剩下的東西，教育是要教人，不是教書，例如我們在此學懂受規則，學懂考試。我覺得，那些說自己考試失手的人其實也不過是自己無法面對逆境的藉口，說到底還是在這個競爭的失敗者。我猜想，學懂在社會競爭中求存或許是這裡很重要的一課，那我就盡量學吧。

旅途中最重要的是，提醒自己不要在學習前斷定知識的好壞，也不要因為九十九件札心的事，而放棄去相信一件美事。我就只好靠著這個信念一直走下去吧。

第二個人生目標是講求經歷和回憶。我信，一個人活得怎樣是建基在其記憶的粉末，它慢慢沉澱，成為今天的你。人死後沒有東西可以帶走，唯有回憶長存，也因為人生太短，我要增加我人生闊度。故我希望自己的人生經歷豐富，多試試新的東西，我想靠自己的努力和成績獲得獎學金到兩處地方作學術交流。先闊後深，然後找尋自己獨一無二，喜歡的，擅長的地方鑽研下去。或許，讀大學的一點一滴，都算是一種回憶，算是個難得自由的平台讓我去闖，所以還是感恩走到這。我想，這四年，不要過於老成世故，盡可能留點青春的回憶，叫他日難捱的時候，驀然回首，都能獲一點安慰。所以，我相信大學的憶記會是未來的我腦海深處的避風港。

第三個人生目標，可謂最重要，但也是最艱難，就是建立關係，為別人帶來正面影響。我曾問過自己，建立關係的目的是甚麼，後來發覺關係好像是世上唯一數樣不能以目的所談的東西，單單因為自己希望與人聯繫。那時剛上大學，身邊人都為人脈建立了許多「無效社交」，身邊越來越多功能性「Hi-bye friend」，偏偏友好都到不同大學升學，而在迎新營嘻嘻哈哈的酒肉朋友都交不了心，更遇過覺得自己理所當然的Free-rider，身旁人來人往，卻真實地感到孤獨。大概大學是社會的縮影，可能出到社會這個更加普遍。於是我寧願建立幾段深厚的關係，好比一千個面書的點頭之交。但是次旅途，太多太多過客，沒有辦法做到每段關係都細水長流，也不是每一段關係能夠打破文化衝擊的隔膜。然而，我這才發現這份沒有重量的關係偶爾也能夠讓自己說出最底的心裡話，也是從這份截然不同的價值觀中看到自身的渺小。如果大學是社會的縮影，旅途或許就是人生的縮影。這個旅程讓我確信，雖然關係大多都很脆弱，但我不希望因為九十九段受傷的關係，而去放棄建立一段互相扶持的關係。

另一個值得反省的是與家人的關係。人生最大的悲哀就是為了人際關係，為了大學的功課而傷害親人，我們把最好的脾氣給了別人，把最壞的脾氣留給了家人，可能因為得罪別人，會讓自己失去利益，所以我們不敢，而得罪親人，他們卻不會傷害你，那成本是零，所以我們任意妄為。這也是我在考文憑試時最後悔的事，所以，現在留在大學，一方面是滿足家人的期望，另一方面，也希望在這自由的學校留些時間給家人，總比上班好。故我總是努力提醒自己不要為大學而放棄家人。

旅行與人生的限期

平時在香港的我從來不會放大身邊的人和事，學業和工作總是擋著我的眼簾，總是覺得晚點就會有時間去看身邊的東西。即使有空檔，都會拿來睡覺，然後就會明天復明天般，從來沒有細味生活。遍遍在旅行的時候，為了不浪費金錢，我總是會日上三竿便起床，即使沒有行程，我都會積極在周邊環境找點有趣的東西。正正因為時間有限，所以我特別珍惜可以開眼界的每分每秒。或者是在我生活的地方待太久了，習慣了，時間意識太過薄弱。

我相信這不單在我的身上發生，不少人都察覺，本地大學生經常出現延遲畢業的情況，相反地，海外到本港的留學生大部份都會準時畢業。除了一部份受到學費價格影響，不得不談，當人身處異地，清楚知道有時限，會給予自己一條死線，故此大部份人都會比較容易完成。

反觀自己，其實香港有很多地方我還沒有去過，例如廟街、天壇大佛、南丫島風車，相反一些遊客反而去過。總是有個心態覺得晚點去都可以，然後就足足二十年也沒有踏足過。

這個旅程算是大大提高我們這份時間意識，好好再次學會把握時間，認清人生這個旅程也有時限，這個時限甚至比你的旅程還要短。

旅程結束，在家的旅遊才剛剛開始，我這才意識到這裏有很多值得我駐足停留的地方，便坐言起行，明天便出發了。

另一方面，每當我們知道有期限，就會更加正面的過日子。感覺就像雖然辛苦，但手握回程機票，總記得困難會過去，然後抱著既然最終都會撐過，何不開心過日子的感覺走下去。面對開心的自己，就提醒自己回程將至，要格外珍惜。外間環境我們控制不了，那自己的內心則可以，旅程的時限就像是不停提醒自己好好讓自己開心過日子。回到日常，如果這個心態放在日常得生活中，總記得生命的長短，則更快樂。

孤單與孤獨

Quiet 一書提到，很多人有意無意裝出一副外向的樣子，有些人甚至被自己矇蔽了，值到某些變故出現，才被逼從固定的生活模式釋放出來，從而反思自己的天性。我想說的是我吧。

相信認識我的人都會一口咬定我是一個極外向的人，群體就是我生活的代名詞。孩提時，這個社會告訴我，受人歡迎的、成功的、當領袖的往往都是外向的、高調的，內向的則極容易被遺忘，漸次地我練成了外向的面具。我們生活在一個外向理想型的價值體系中，幾乎每個人都堅信最理想的自我狀態是善於交際，健談的。而內向的，則貶為次一等的性格，甚至會因自己內向而覺得需要改善。就連說話的快慢，高低音，都會斷定一個人的爲人。我中學的每天的時間表都是密密麻麻，一個接著一個團體，只有十五分鐘上學的時間是自己一個人的，永遠不敢自己一個人吃飯，逼不得已的話，就選一家偏遠的餐廳快快吃，很怕對話中沒有人說話，所以我一直強逼自己不停說話。終日在團體中嘻嘻哈哈，帶給人歡樂，而自己則佯裝快樂。心累了，但一直催眠自己說自己是個外向的人，自己很享受團體生活。一個團體本來就是要各人放下、付出自己，但我好像沒有拿捏好那個平衡點。

這長時間的獨處才讓我明白自己也需要靜下來的時間，才明白不需因內向而自卑，才明白原來和自己相處是需要學習的，才明白這是我一生的課題。一個人自由自在，不用介意他人眼光，原來是這樣，原來也可以很幸福。

慢慢地，我對朋友的看法也轉變了。

每次義工服務的完結，每次離開一個國家，都總要面對離別的課題，呀，不，是永別。雖說將來會再相約在他的國家見面，然而，坦白說，又有多少個能做到呢。這是各人心裏都知道的事實。有人說，前世五百次回眸才換來今生一次擦肩。可以做到的不多，故我每一次都會遞上一張香港的明信片，奢望十年後的一天，會有人拿着這張明信片跟我打招呼，也算是強逼自己樂觀相信會有奇蹟的手段。

以前偶爾會刻意討好身邊人，讓自己變得受歡迎一點，離鄉別井後，告別校園後，才明白生命中許多人都只是過客。有些朋友見了一天，暢談過後，或許一輩子也不會再見了。深夜食堂一劇有過這樣的一句對白，友誼如果像方便麵一樣都不是壞事，偶爾適時的陪伴已經很溫暖。曾經堅信友誼會天長地久，但長大後才明白機會率是多麼的微乎其微。但這不是對友誼的失望，反而覺得這種適時的友誼也不錯。不要忘了，只要用心，方便麵也可以很好味。

別人歧視與歧視自己

然後，我想趁機討論一下比較敏感一點的問題：在旅遊的途中難免會遇上特別待遇的時候。一開始來到偏僻的鄉下區，作為唯一的黃面孔，總覺得有好幾個人有意無意間對我有偏見。後來認識加深，才明白並不是我的身份引起分歧，而是我自己很多個人的習慣和行為跟他們有點不一樣，例如我習慣早睡又不喝酒，他們則會理解為不太合群的表現。我明白我身在異處，就應隨當地文化，不是說一定要晚睡、要喝酒，而是要明白他們會有這種思路。後來我發覺大部份說他受歧視的人都是先歧視了自己，又或者這樣說，如果你真的很不幸成為被歧視的人，你可以做的是先不要歧視自己。

換個例子說，有人說武漢肺炎算是歧視，但實情上外國人們對該地區並沒有付諸責怪的情緒，例如你不會因為香港腳而討厭港人，也不會因為日本腦炎而不去日本。不論其病毒發源地在哪，於爆發點命名只是醫學界的傳統。立白病毒發源地在澳洲，但在馬來西亞的立白村爆發，病名不會帶給你什麼指責的情緒，而是更多的反省、紀念和默哀。但當你身在中國，國家希望你稱之為新冠肺炎，依從就是對你身在地方的尊重，簡單來說就是入鄉隨俗而已。

在這裡你必須分清歧視和不合的分別，歧視的定義是那人並沒有犯錯，但基於他一些條件，例如種族、性別，導致他受到負面的特別待遇。反之，例如港人不滿一些內地人在商場大小便，這並非歧視，是對該行為的不滿或不合。反之，如果把一切內地人都當作會在商場大小便的人而對其採取行動，這便為以偏概全之歧視，但其實大多港人都為前者。

或許是世界太快，人們都喜歡用二分法作判斷，就只是喜歡你和討厭你的人，延伸一點來說就是我的族群及非我族類。這樣很方便管理、說服，更從而建立自我優越感，思考的效率也極高，啊，不，根本談不上思考。正正是這種以全概偏、以偏概全的歪理，導致了真正的歧視。所以，老土一點說，從自己做起，不單是種族、性別，普通至你的朋友、敵人也請摘下這個標籤。

順利與困難

旅途完結，回到了日常。

你問我恨不恨文憑試，那個令爸媽帶我看心理醫生的文憑試；你問我恨不恨這個分數的輪回，我會說，不恨。反而是多謝這一切讓我看清自己、了解身邊人、了解世界。倘若我沒有看文憑試那麼重要，沒有那麼大的壓力，另一面的自己根本不會逼出來，可能到十年後又一個大困難，快要倒下來的時候才會看見。多得這個困難，讓我瞭解自己，提早一些先學懂如何應對。另一方面，感激這個如此重視分數的遊戲，才讓我明白我的人生不要跟著別人給我的分數走。

你問我恨不恨那大遲到的司機、恨不恨那車禍、恨不恨那二十三小時的動車，我會說無論它是好是壞，它都是我旅途中的一塊拼圖。我要感謝在布拉格的那個晚上，讓這個旅程更加深刻，讓我明白難關永遠沒有想像的難。我要感謝在斯洛伐克遲到的大巴，讓我遇上幾位香港人，後來知道他曾在聯合國當實習生，才展開了我下一段旅程。「一個富有意義的世界，其實就是由這些大地上星羅棋布的傷痕組成的。」同樣地，沒有意外、偶然性的旅行只是遊覽，能留下傷痕才是留下意義的旅行，可以成為歷練。

各種領悟或許要親身置身陌生的土地方能明瞭，而各人有不同的價值觀、性格，看到的、感受到的也因此不盡相同。所以，就此坐言起行，寫下屬於自己的旅行哲學吧。

回眸與瞻望

二零二零了，又走過了一個十年。

一五年，逆流台灣騎行點燃了瘋子的引擎，一六，任性地將名銜放到肩上，卻只能幼稚的面對責任排山倒海的湧來，偏偏，這又是笑得最燦爛的時日，一七，喪失理智的甫進考場，一八，獨自流浪了大半年，變得好談而又沉默，任性衝動的轉科卻竟是至今最正確的選擇。旅途中最細膩的時光莫過於回眸的一瞬，看看自己走過的路，再拾起堅持的勇氣啟航。

相信與實現

無可否認，這趟旅程，我有很多失望，（哈，或許來到社會，失望更大）。但，最重要不是明白世態炎涼，而是明白下聯：本該如此，明白一切得來不易，然後學會好好珍惜。我想人生最重要還是信念，相信未來快樂在前頭，大抵信就是做為這代人最珍貴的東西。

但願明日快樂。

鳴謝

（排名不分先後）

馮應謙教授

朱漢強先生

蘇美智女士

徐慧琪女士

香港中文大學　新聞與傳播學院

作　　者	李天心
書　　名	別讓世界看扁你！十八歲女生從香港走向世界的追夢旅程！
出　　版	超媒體出版有限公司
地　　址	荃灣柴灣角街 34-36 號萬達來工業中心 21 樓 02 室
出版計劃查詢	（852）3596 4296
電　　郵	info@easy-publish.org
網　　址	http://www.easy-publish.org
香港總經銷	聯合新零售（香港）有限公司
出版日期	2022 年 7 月
圖書分類	流行讀物
國際書號	978-988-8778-99-7
定　　價	HK$80

Printed and Published in Hong Kong
版權所有．侵害必究

如發現本書有釘裝錯漏問題，請攜同書刊親臨本公司服務部更換。